客户世界管理—运营—技能
基准系列

DIGITAL
CUSTOMER
SERVICE

数字化
客服设计

孙　媛 ◎著　姜怡帆 ◎插图

清华大学出版社
北　京

内容简介

本书着眼于客服视角,通过多家服务型公司的客服案例,从严谨的理论推演,到大量的实践案例,提供实用的产研设计和运营迭代方法,有理有据地阐述如何对客服的价值进行思考,如何重新设计客服历程,如何利用客户声音帮助企业提升客户体验,如何让企业将用户体验和价值提前与产品设计融合思考。企业的生态不仅包括用户,还包括商户、供应商、第三方等生态参与者,他们的体验也会影响最终用户的体验。本书聚焦数字化客服设计,跳出运营看服务,从设计入手提升客服体验;找到客服与公司的关系,替客户发声,帮助企业改善服务。通过阅读本书,读者可以获得推动企业的产品体验和服务体验提升的路径和方法,领会客服为企业创造价值的奥秘。本书面向所有的服务体验从业者、企业管理者、产品经理及产品运营人员,以及其他对数字化客服感兴趣的读者。

本书封面贴有清华大学出版社防伪标签,无标签者不得销售。

版权所有,侵权必究。举报: 010-62782989, beiqinquan@tup.tsinghua.edu.cn。

图书在版编目(CIP)数据

数字化客服设计 / 孙媛著;姜怡帆插图. —北京:清华大学出版社,2022.1 (2024.9 重印)

客户世界管理-运营-技能基准系列
ISBN 978-7-302-59547-2

Ⅰ.①数… Ⅱ.①孙… ②姜… Ⅲ.①电子商务-商业服务 Ⅳ.① F713.36

中国版本图书馆 CIP 数据核字 (2021) 第 243350 号

责任编辑: 高 屾
封面设计: 马筱琨
版式设计: 思创景点
责任校对: 马遥遥
责任印制: 丛怀宇

出版发行: 清华大学出版社
  网　　址: https://www.tup.com.cn, https://www.wqxuetang.com
  地　　址: 北京清华大学学研大厦 A 座　**邮　编:** 100084
  社 总 机: 010-83470000　**邮　购:** 010-62786544
  投稿与读者服务: 010-62776969, c-service@tup.tsinghua.edu.cn
  质 量 反 馈: 010-62772015, zhiliang@tup.tsinghua.edu.cn
印 装 者: 三河市东方印刷有限公司
经　　销: 全国新华书店
开　　本: 148mm×210mm　**印　张:** 8.75　**字　数:** 194 千字
版　　次: 2022 年 1 月第 1 版　**印　次:** 2024 年 9 月第 7 次印刷
定　　价: 69.00 元

产品编号: 095021-01

推荐序 I

客服团队的自我修养

客服的活儿不好干!

我们经常见到如下情况:客服不受业务团队和管理团队的重视,没有什么存在感;客服团队在"善后"的道路上越干越没劲……在客户眼中,"客服态度再好,如果不能解决问题,依然无用";在业务团队眼中,"客服做好善后工作就行了";在CEO眼中,"客服这个部门不太重要,充其量是一个成本中心,不出事就行"。

这本书里,作者孙媛跳出来大吼一声:"不,不是这样的,客服可以有自我修养。"她认为,客服是解决企业的产品设计与用户认知之间一切误差的团队,可以帮助企业改善客户体验,具有很大的价值。因此,客服有三个核心任务:一是推动企业减少误差,二是误差发生时解决误差,三是在这两者的基础上尽量提升效率。

作者用一套已被验证的指标体系,来衡量以上三个任务。比如,用服务率来衡量问题发生的概率,用解决力和费力度来衡量解决问题的结果和满意度，用单件成本来衡量效率。这些说起来虚无缥缈的东西，其实是经过多次实践总结的结果。比如，为什么不用满意度、接起率、首次解决率、平均结案时长等指标来衡量客服解决问题的结果？本书列举了它们各自的优缺点，最后以解决力指标来衡量客服解决问题的结果。

传统上，大家都会认为，客服的职责是"解决问题"，而较少考虑客服在"推动减少问题的发生"中扮演着重要的角色。本书通过大量生动的案例（如"线上门票的入园凭证线上化""OTA行业的退款难题""生鲜商品的质量问题"等），进行了透彻的分析和淋漓尽致的展示，引发读者思考如何减少问题的发生，而非执着于头痛医头、脚痛医脚的做法。除此之外，文中还阐述了"提升服务率在公司的认知和改善意愿"的方法，并罗列了9个具体动作，非常具有可操作性。我想，客服从业者看到这段，应该会发出感叹："若早看到此书，本客服就能更早抬头挺胸实现自我修养了，公司也会更接近'客户第一'或者'以客户为中心'的理想。"

最后，文中还阐述了从"体验地图"到"作战地图"再到"项目管理地图"等客服内部作战体系。相比案例驱动，这样的体系更有全局性和方向感，也更能用小胜激励客服团队获得大胜。

本书通过体系化的内容结构，详尽生动的真实案例，涵盖了客服的自我修养的方方面面。面向客户，客服就是公司本身，而不是信访办和传声筒，"我就是公司"是客服的一个自我修养；面向业务，客服是客户的代言人，客户是上帝，"以客户为中心"是客服的另一个自我修养。

愿每位客服读完此书，都能实现自我修养。

在客服岗位上一起奋斗过的战友　罗道锋
2021年7月23日

推荐序 II

很高兴看到曾经的同事、战友孙媛出版《数字化客服设计》一书，写成这本书实属不易，欣然接受邀请，为之写序。

作为一名资深的企业客服管理者，孙媛早已把"以客户为中心"融入血液，写作此书时也不例外。她心中时刻装着客户，也就是读者，力求让读者开卷有益，给读者以启发、思考和借鉴。

客户服务是大家耳熟能详的话题。关于客户服务理念和实践的图书已经太多了，很难写出新意。移动互联网技术带来的数字化革命，无疑是今天企业面临的最大机遇和挑战，数字化已改变了企业的方方面面，客户服务也不例外。可以说，数字化服务设计是基于当前却着眼于将来的设计，数字化的未来正以超乎想象的速度向我们走来。遗憾的是，数字化的未来往往是看不清的，也是看不准的。已然被充分论述过的客户服务，以及不易看清未来的数字化，是本书的写作重点，也是写作难点。

本书能结合以上两大难点，为我们展现面向未来的客服。

数字化 客服设计

数字化革命以前所未有的速度改变着我们的生活，改造着我们熟悉的企业，数字化打破了企业边界，甚至行业的边界，让客户可以不受时间、空间的限制接受服务，让企业可以调动、利用本企业、甚至行业外的资源做好客户的服务，如经客户授权，客户服务人员可通过社交平台账号等一键获取客户的基础信息，直接跳过恼人的客户基础信息收集工作。利用好企业外的社会资源是客户服务管理者需要面临的挑战和机遇。本书作者站在前辈论述客户服务的肩膀上，借助自己二十余年在多家大型知名企业的客户服务实践，试图看清数字化革命带给客户服务的机遇和挑战，继承和发展客户服务，既回顾了传统的客户服务，又展望了数字化客户服务的未来；同时，她跳出企业，结合数字化社会资源探讨数字化客服设计，给读者以启发和思考。这就是本书的价值所在。

让我们一起思考并迎接数字化的未来吧！

联想前全球IT副总裁　张坤生
2021年9月22日

写在开始

家里有一个扫地机器人,长得圆墩墩的,很可爱,充电完毕后便开始了自己的探索。它在家中来回行走,把地扫得干干净净。不过,遇到比较"恶劣"的新环境时,它就会在里面绕来绕去,不停地打转,无法归位,我经常要四处找它。有时候,它被困在一堆电线中;有时候,它被困在桌子和墙角的夹缝中;有时候,它被困在落地窗帘中。

看着在墙角认真转圈的扫地机器人,我忽然感觉它很像认真完成运营KPI[①]的自己。我认真努力地完成着用户满意度、服务速度和服务成本等指标,可是整家公司的用户体验并没有得到真正提高,就如同被困在角落里的扫地机器人,它认真地清扫着它所能遍历到的那块区域,整个房间的大部分面积却未能涉及。

---

① KPI,英文全称是key performance indicator,是关键绩效指标,又称关键业绩指标,是通过对组织内部流程的输入端、输出端的关键参数进行设置、取样、计算、分析,衡量流程绩效的一种目标式量化管理指标,是把企业的战略目标分解为可操作的工作目标的工具,是企业绩效管理的基础。

数字化 客服设计

如何改变这个现状？对机器人来说，要为它设计一个"跳出算法"，让它能关注到更大的领域。对于客服呢？什么是"跳出算法"？什么能够让客服看到整家公司还有没清扫干净的其他地面，关注自身KPI之外的那片"天地"？即使关注到了，客服要用什么方式来将其清扫干净呢？

从1999年到2013年，我亲历了两家公司的客服精细化运营体系的搭建和运营，看到了其通过搭建客服体系从规范的运营管理中收获较好的用户满意度、速度和效率的整个过程；2013年至今，我经历了不同公司的产品化、智能化和数字化的几次探索，客服价值逐渐清晰。在越来越多企业向服务型组织转型的今天，我更加坚信体验的价值，企业的用户体验历程、服务历程的有效设计和快速迭代会带来直接的用户价值，以用户体验为中心的客服体系会给用户和企业带来更长远的价值和收益。

客服是为了解决企业的产品设计与用户认知之间的误差而存在的，只有客服和企业之间的关系处理好了，客服与用户之间的关系才会好起来。本书基于这种思考，致力于与企业管理者、客服负责人和所有的客服从业人员探索客服是什么，它为什么存在，它在企业兄弟部门中是什么位置，它与其他兄弟部门是什么关系，等等。

- 企业以产品为媒介，与用户产生交易。这里的产品不是一个具体的物品，而是指完成一个交易的整个产品体验历程。例如，用户购买并能够熟练使用空调，用户开卡并完成信用卡的正常交易，用户预订并拿到餐食，用户登录网站并完成视频浏览，等等。

写在开始

- 客服应修正产品设计与用户认知之间的误差，修正的目的是让用户回归到正向交易过程或者持续交易过程。服务率是这个误差的衡量标准。
- 客服体系设计的目的是用最小的费力度[①]让用户回到产品体验的正轨，或者持续发生产品交易。在这个过程中，我们把用户从产生疑虑到最后解决的过程称为服务历程。
- 客服体系的体验推进目标是持续降低服务率，客服要尽量将问题聚类为与产品体验历程相关的场景，并持续代表用户发声。企业设有产品体验设计部门和运营部门来促进产品交易的发生，并设置相关机制来关注用户的反向反馈，不断纠正和减少产品设计与用户认知之间的误差。
- 场景化的智能门户是服务历程的起点，它的价值是快速解决问题。其具有三个特点，即有场景化的接触点、以解决问题为目的、有快速明确的转人工机制。
- 要想达到更高的人工满意度，关键要素是企业赋予客服的权限、企业内部岗位对用户询问的及时响应、员工解决问题的系统和信息等。
- 客服从传统的运营管理体系过渡到新的数字化客服体系，需要引进和培养有多领域工作经验、有洞察力和有

---

① 费力度，是指反映用户为了解决问题所需付出努力的程度，即用户从产生客服诉求，到该问题被满意解决的过程中，体验到的费力程度。费力度与满意度成反比，用户在服务与投诉的过程中费力度越高，满意度就越低。

正确发展观的新型人才。

由于笔者水平有限，以上观点不尽完美，还需要更多的样例来验证，期待与读者朋友们一起探索客服的存在价值，并不断进步。

孙　媛

2021年8月30日

CONTENTS 目录

第1章 数字化客服是什么 ········· 1
- 1.1 我们经历过的客服中心 ········· 2
- 1.2 互联网时代的数字化客服 ········· 9
- 1.3 数字化客服体系做些什么 ········· 21
- 1.4 数字化客服体系框架 ········· 37

第2章 体验推进 ········· 41
- 2.1 用服务率评价体验改善工作 ········· 42
- 2.2 提升服务率在公司的认知和改善意愿 ········· 56
- 2.3 改善体验的典型场景和路径 ········· 60
- 2.4 体验推进工具之体验地图 ········· 72
- 2.5 体验推进工具之作战地图 ········· 76
- 2.6 体验推进工具之项目地图 ········· 78
- 2.7 不同业务发展阶段的体验推进 ········· 82

第3章 服务历程设计 ········· 85
- 3.1 服务历程——用户问题的解决过程 ········· 86
- 3.2 服务历程的解决力和费力度 ········· 91
- 3.3 服务历程的几个基本设计原则 ········· 98

3.4 解决力和费力度的几种收集方式 104

第 4 章 场景化智能客服 108

4.1 智能客服环节的价值 109
4.2 用户需求产生和场景化客服入口 111
4.3 智能服务门户的关键模块 116
4.4 智能解决力提升的 7 种方法 126
4.5 智能服务引擎的关键技术实现 138
4.6 智能客服环节中的语音智能门户 145
4.7 智能满意度与人工满意度之间的差距来源 156
4.8 关键运营机制 158

第 5 章 人工解决环节 164

5.1 以共识为中心的解决流程——实时解决 166
5.2 以共识为中心的解决流程——迟滞处理 178
5.3 以共识为中心的解决流程——风险防范 182
5.4 如何提升人工解决力 193
5.5 人工处理流程的系统支撑 201
5.6 人工客服主流程 (示例) 207

第 6 章 服务历程的复盘和持续改善 212

6.1 服务历程的复盘 213
6.2 持续改善机制 220
6.3 持续改善案例 229

第 7 章 客服的生产力管理 237

7.1 通过运营管理提升效率 239
7.2 弹性运营能力的提升 241
7.3 服务分级分流能力 243

目　录

　　7.4　峰值弹性管理系统 —————————————— 244
　　7.5　生产力管理的数据建设 ———————————— 249

第8章　服务设计师 　　　　　　　　　　　　　　　251
　　8.1　数字化客服体系组织结构和岗位设置 ————— 252
　　8.2　服务设计中心的职责 ————————————— 254
　　8.3　服务设计师招聘 ——————————————— 255
　　8.4　服务设计师的思考能力培养 —————————— 257

写在最后的话————————————————————— 261

第1章 数字化客服是什么

1.1 我们经历过的客服中心
1.2 互联网时代的数字化客服
1.3 数字化客服体系做些什么
1.4 数字化客服体系框架

1.1 我们经历过的客服中心

当用户在产品使用过程中产生疑虑或想进行投诉时,企业需要给出一个统一的联络方式,以表明企业负责任的态度。如此一来,客服就应运而生了。

在不同的时代、不同的行业及不同的公司,客服经历了几代演变,本节主要介绍客服中心发展的几个阶段,从而使读者更清楚地了解客服中心。

客服的发展主要包括初探阶段、深耕阶段、分化阶段和智能化阶段。

1.1.1 初探阶段:客服中心就是联络中心

《中华人民共和国消费者权益保护法》第十七条规定:"经营者应当听取消费者对其提供的商品或者服务的意见,接受消费者的监督。"即企业应提供客服渠道,听取消费者的意见,执行时要求企业提供服务热线。

自1995年开始,由于经济的快速发展,企业发现用户对产品的咨询和投诉越来越多,简单的几部电话已经无法满足用户的需求。为了缓解用户对热线电话打不通的抱怨,企业陆续建设以集中联络为目的的客服中心。这就有了交换机提供的路由导航和

ACD(自动排队系统)技术，可以让用户持机等待；有了CTI(计算机和电话集成)技术，可以通过弹屏识别再次来电的用户身份；有了简单的工单管理系统，可以记录用户咨询内容，并且向企业传递工单。

具备了以上几个功能的新型联络中心被我们称为"呼叫中心"，这是当时客服的主要形式。这个时候的客服基本上实现了售前产品咨询和购买、售后使用咨询和报修、意见建议和投诉等功能。此时的客服中心最关注的是"电话来了就要接起来"，所以最直观和有效的衡量依据就是接通率和服务速度，接起数量最多的员工会得到表扬，获得奖励。

联络中心对收集和解决用户咨询问题能起到很好的作用，并在一段时间里缓解了用户对"投诉无门"状况的抱怨。

1.1.2 深耕阶段：客服成为解决中心

随着企业要求的提高和产品形态的差异化，客服的工作不断延伸，贯穿了产品服务的全过程，包括售前服务、订单服务、售后服务、投诉处理和用户关怀服务等。

我们可以将客服解决用户问题分为三个阶段。

第一阶段：基于知识库的内容，把正确的信息、操作方法、流程步骤告诉用户

电话被接起来只是第一步，用户更希望得到正确答案，解决问题。在客服管理中，如果仅关注接起率，并不能提高用户满意度，这是因为如果问题不能被解决，将导致用户再次甚至多次来电，使用户的投诉和抱怨增多。因此，客服中心对解决

问题有了更深刻的认知,开始重视知识库管理、流程管理、质量管理等,并把用户满意度、一次解决率、答案一致性等作为重要指标。

第二阶段:帮助用户远程完成各项操作

随着企业信息化进程的推进,物料管理系统、财务管理系统、用户关系管理系统的上线,客服中心有了更好的解决工具和更高的解决能力。例如:硬件客服中心由于掌握了物料信息和机器型号,可以直接进行远程操作和故障诊断;银行的客服中心能够直接帮助用户完成大量的操作,逐步形成远程银行的标准和规范。

第三阶段:联动整个公司的职能部门来解决用户的各项诉求

客服中心利用信息中转站的优势,开始在系统中进行工单的闭环流转,将工单传递给企业的门店、销售人员、维修站等多个部门,开始联动整个公司的职能部门来解决用户的各项诉求。

从问题咨询发展到远程操作,再到驱动工单流转,呼叫中心逐渐从一个联络中心成长为真正的解决中心。

企业引入的客服运营管理标准、知识库技术和持续改善的六西格玛(six sigma)[①]理念,帮助客服管理者们开始了解并且践行

[①] 六西格玛(six sigma)是一项以数据为基础,追求几乎完美的质量管理方法。"西格玛"是希腊字母"σ"的中文译音,统计学用来表示标准偏差,几个西格玛是一种表示品质的统计尺度。任何一个工作程序或工艺过程都可用几个西格玛表示。6个西格玛可解释为每100万个机会中有3.4个出错的机会,即合格率为99.99966%。而3个西格玛的合格率只有93.32%。六西格玛的管理方法重点是将所有的工作作为一种流程,采用量化的方法分析流程中影响质量的因素,找出最关键的因素加以改进,从而达到更高的客户满意度。

呼叫中心的精细化运营管理，搭建运营体系，包括战略管理、流程管理、人员管理和数字化管理等模块。

这个时期，从组织定位和部门结构上可以看出，客服部门关心的是"用户是否满意"，企业开始量化用户声音，并且后台部门开始参与解决用户问题，逐渐直面用户。深耕阶段(客服成为解决中心)是客服管理框架形成的重要时期，是促成企业与用户深度交流的时期，逐渐形成以用户满意度、服务质量、服务速度、服务效率为主线的KPI体系。

1.1.3 分化阶段：客服中心的价值探索

21世纪是以信息、网络和知识经济作为显著特征开启的，随着信息化、云计算等信息网络技术的发展，企业的信息化水平显著提升，企业与用户的服务触点增多，同时，面对面的服务更多地被远程服务取代，客服中心作为成熟的远程联络中心，被赋予了更多的职责。

用户与客服的接触点从单一的电话，逐步增加到网页、社交媒体、小程序等多种接触点，联络方式也增加了在线聊天、网络电话、视频等更多的即时联络方式。客服中心从单一的电话中心，逐渐发展为全渠道、多媒体的联络中心。这些接触点的增加，并没有改变客服中心的本质，客服中心仍致力于解决用户问题，追求用户满意。

客服职责的增加及联络方式的扩展，使客服处理工作量急增，客服规模变大，成本增高。我们知道，销售是用销售业绩来衡量价值的，而客服是用"用户满意"来衡量价值的，企业非常重视用户满意度，但是如何合理地计算用户满意度呢？比如：投入多少成本，做到什么程度，用户满意度的回报如何计算，等等。由于企业的投入并不能直接量化为企业的当期价值，所以客服的价值开始不断受到挑战。因此，客服开始了艰难的价值探索之路，这些探索包括以下几个方向。

1. 客服转营销

很多企业开始进行服务化转型，并在线上完成产品体验历程，虚拟产品不断增加，客服中心无须派单给门店，也可以完成部分销售工作；同时，企业希望借助线上渠道完成一部分销量，实体产品的线下服务场景增长减缓。此时，客服衍生出营销转化、用户挽回、用户续费和电话销售等各项职责。

客服中心承担的主要职责仍旧是解决用户需求，比如：用户需要买东西，于是拨打售前电话；需要续费，于是拨打售后热线。在一些新兴的互联网公司中，虽然整个交易过程是数字化的，但是有些用户在全自助服务中存在操作困难，需要在各个阶段获得客服的帮助，此时客服就拥有了一些"销售"职能。

随着客服的"价值"不断被质疑，有些客服中心逐渐给客服人员增加了销售任务。部分企业的客服开始使用"营销开口率""营销成功率""销售额"来提升自身的价值和存在感，部分客服中心把未来方向定义为成功转型的"营销中心"。这在企业的某个时期，的确是有价值的尝试。但是，我并不认为这是客服价值的重要体现，这只是客服服务职责之外的对企业销售职责的一种"补位"，并且与客服职责存在矛盾。

客服中心需要贡献一定的销售额的深层原因是缺乏有效的线

上化销售方式。客服是企业获得终端用户信息和与用户互动的主要窗口,所以企业希望客服完成一定的销售工作;当然,也不排除客服负责人为了缓解成本压力,主动承担销售任务。

随着企业进入到数字化转型的网络社会,企业应该找到更方便聚集用户交互的方式,例如官网、应用程序、小程序、销售人员的私域交互方式、企业用户群等,这些方式可以产生一对多的销售,成本更低,销售工作也更易开展。

2. 使用用户全生命周期价值计算客服中心的价值

由于客服没有办法证明服务用户的满意度与对公司的价值,有些"意见领袖"就开始在企业里推广用户全生命周期概念,并且进行客服对生命周期的价值核算。部分客服中心以客服对接触过的用户的NPS[①]作为客服的盈利来计算客服价值,希望告诉企业:对客服投入的成本是合理的。

这个算法从逻辑上来说是成立的,但是目前还没有典型的成功案例。一部分原因是,企业不承认客服自己计算的用户全生命周期价值,客服中心难以证明自己的满意度和运营指标对NPS到底能创造多大的价值和能产生多大的影响。

通过全渠道多媒体的呼叫中心,在企业里增加客服的价值意识;或客服向营销中心转型,增加销量;或客服使用用户终身价值来计算盈亏,这些都是客服负责人企图摆脱成本中心的限制,向企业证明其价值的一些尝试。这些尝试在某些企业里成功了,不过随着企业自身竞争环境的加剧,大部分客服中心始终面临降本增效的压力。

[①] NPS(net promoter score,净推荐值),又称净促进者得分,亦可称口碑,是一种计量某个用户向其他人推荐某个企业或服务可能性的指数,也是公司产品体验考核主要指标之一。

1.1.4 智能化阶段：智能化是伴随客服中心发展的重要工具

说到智能化，我们首先要说一下电话语音自助导航系统。客服中心的自助引导，是从银行的IVR(语音导航)开始的。那时候，由于银行柜台排队时间过长，引起了用户的很多抱怨和不满，但网点的扩建和增设毕竟是有限的，于是电话的IVR系统就成了非常好的自助服务窗口。不过，由于IVR的引导方式和人工入口出现的层级并没有明确的行业规范，导致后来的IVR越来越复杂，人工入口越来越深。自助服务的第一阶段没有给用户带来较好的体验。

后来，很多企业用上了聊天机器人。第一代的聊天机器人主要以碎片化知识库和泛关键字检索为基础，它对缓解人工压力和给予用户正确答案起到了很好的作用，而且与文字交流的体验相比，在电话里按键更加简单、方便，因此用户体验也得到了一定的提升。

这时候，很多企业认为这个"机器人"可以缓解人工服务，便开始把人工藏在机器人后面，认为只要有机器人提供的服务，就无须找人工客服，并且把"自助率""智能解决率"作为客服节约成本的方向。虽然大量的问题真的被解决了，但还有一些问题被拒之门外，无法解决，因此用户体验开始变差。

随着真正的NLP(自然语言处理，一种专业分析人类语言的人工智能)技术的发展，第二代聊天机器人应运而生。这代机器人基本具备一定的理解能力、多轮交互能力、标准问题聚类能力等，可以理解用户的问题，解决聚类用户问题，并且逐渐成为智能机器人的主流。但是，在优秀的智能工具交到手上之后，企业并没有将关注点聚焦在"解决问题"上,而是沉溺于"解答问题"的阶段。在这样的情况下,智能交互的体验虽然提升了,但是智能客服满意度仍低于人工客服满意度。

中国的客服中心从1995年发展至今,经历了初建阶段、深耕阶段、探索阶段和多元化阶段,尝试了各种做法,无论是用户满意、质量,还是效率的管理,都日趋成熟。但是,越来越多的用户反馈,客服体验并没有本质的提升,同时,企业管理者发现客服的满意度指标完成得好,并不代表用户在网上的抱怨在降低。这些矛盾敦促着客服的管理者们再次站在交叉点上思考:客服是什么,能做什么。

互联网时代的数字化客服

如前文所述,工业化时代和后工业化时代,客服在企业中始终发挥着补位、善后、守门的作用,会根据公司的情况增加不同的职能,还要承担降本增效的目标,最重要的是还要帮助用户解决问题,帮助企业挽留住用户,尽量减少不良影响。客服中心在体验、成本、效益的三角形中,必须维持平衡,而这个平衡,在近年里随着环境的变化也在发生变化。

1.2.1 互联网时代用户体验的价值

20世纪60年代以来,全球产业化结构因服务业的发展而发生了巨大的变化，产业结构呈现出由"工业型"向"服务型"转型的全球性趋势，而从后工业时代到如今的互联网时代，公司的交易模式和产品形态又发生了巨大的变化。这些变化在《俞军产品方法论》[①]中总结为以下几点。

❶ 信息传递的边际成本极低，用户量巨大。这两者导致用户向头部企业集中，千万级用户的企业会具备一定的平台属性，需要考虑生态而不是单一的最终用户。

❷ 产品迭代速度越来越快。以前，在实体产品领域，企业需要几个月甚至几年才能验证一个产品的设计和决策的合理性；而信息化产品可以在一两周内完成AB测试、数据收集和快速迭代上线等，甚至出现了比AB测试更个性化的方式。

❸ 良好的客户体验带来高商业价值。互联网使人与人之间的信息传递相对容易，一项服务可以影响的用户数可以达到千万级别，用户可以自由发声，并对其他用户产生一定的影响，因此极致的体验开始有了更大的商业价值。对于需求大、体验好的产品，很容易形成良好的口碑，企业将因此获益；对于体验差的产品，如果企业不能设法挽回，负面信息将被快速、广泛地传播，会给企业带来灾难性的影响。

1.2.2 企业如何重视和管理用户体验

时代的变化除了给信息类、在线类产品带来巨大影响之外，对普通的传统产品也有影响。随着信息逐渐透明化，传统产品的采

---

① 俞军. 俞军产品方法论[M]. 北京：中信出版社，2019.

购控制力、供给控制力、渠道控制力和媒体控制力都被削弱了,产品质量和体验对市场影响的权重则大大增加。因此,越来越多的企业(包括互联网企业和传统企业)开始认识到体验的价值。重视体验最好的方法,就是业务负责人能够从产品经理的角度,以用户为中心,横向组织资源,按需求进行设计、生产、销售和交付。

产品体验(见图1-1)由用户与很多触点的互动组成,服务质量通过这些触点共同作用于用户。更多的企业认识到体验不再是某个人或者某个岗位的事情,而是企业所有部门必须通力解决的事情,越来越多的企业逐渐发展成为以用户体验为中心的服务型组织。

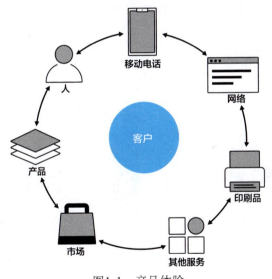

图1-1 产品体验

在服务型组织里,产品的概念从一个具体的物品,扩展为信息类、在线类,甚至是虚拟类商品,然后扩展为从需求发生到需求满足的整体历程。公司管理产品的思路,也从单一的物品管理,扩展到整个用户体验历程的管理。图1-2是典型的用户体验历程图。

数字化 客服设计

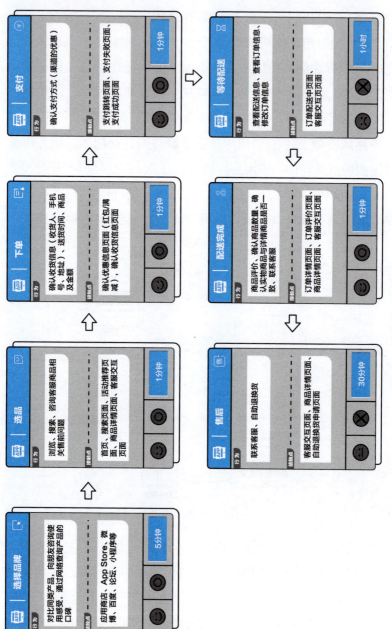

图1-2 用户体验历程图

从图1-2中我们可以更直观地感受到，用户从产生需求到收到货品的过程，包括选品、下单、支付、等待配送、配送完成、售后等环节，这一过程就是用户的一次体验历程。这些环节由产品经理主导，由公司的研发、供应链、支付、店面、配送管理、售后等部门共同完成。其中，衡量用户体验的数据，不仅来自单纯的售后问卷调查，还来自全链条的数据追踪。因此，越来越多的企业开始绘制产品体验历程图，有些公司也称其为"服务蓝图"。业务负责人的管理思维，也从各职能模块的管理，开始转为全链条的体验管理。无论是用户体验数据来源的转变，还是业务负责人管理思维的转变，都预示着数字化客服体系开始构建。

1.2.3 处理产品体验与用户认知之间的误差

我们先了解一下客服的职责。从用户的视角上来看，什么时候需要找到客服呢？我们前面提到，用户与企业的交互是由一个个的用户体验历程组成的，企业在设计用户体验历程的时候，会经历从需求理解、产品设计、交付实施到用户感知的过程。在这些过程中，会存在用户认知与产品体验不一致的情况，这些情况会促使用户发起服务请求，客服的基本职责就是处理这些请求（见图1-3）。

客服负责处理产品体验与用户认知之间的误差，这个误差用服务率衡量；纠偏的目的是尽量简单地让用户回到产品体验的正常轨道。用户在产品体验中的任何一个环节遇到疑虑、瑕疵、阻碍等不完美体验时，都需要客服出现并解决问题，使得自己的产品体验历程顺畅地进行下去。有时候，用户感受到的不完美体验会出现在销售完成之后,客服纠偏的目的就是让用户实现二次购买、多次购买。

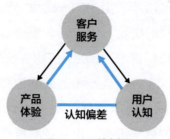

图1-3 误差纠偏

客服与公司的其他部门不同,它不仅仅是体验历程中的某一环节,更重要的是处理所有环节的服务设计和用户感知之间的不一致,也就是我们前面说到的误差。这个不一致可能来源于以下几点。

❶ 这是一个新产品,用户需要被引导,市场需要被开发。例如,2000年的在线旅游市场,只有10%的用户在网站下单,90%的用户仍然通过电话完成预订;这时候的线上产品设计(在线完成预订)与当时的用户认知(我得找人帮我)之间就存在着很大的不一致。

❷ 产品经理缺乏对用户的了解。例如,某公司的"免费退"的保险产品规则非常复杂,用户对字面意义的理解与实际不一致,从而造成误差。

❸ 线上体验中的线下环节。在设计的时候,某个环节需要指引或人工干预。例如,大家电在出现损坏、申请保修时,无法在线上完成,就需要寻求人工客服的帮助;这些忽然断开的体验会导致用户需要人工客服解决问题。

❹ 产品在交付履约环节中出现失误。例如,快递延迟配

送，就会造成用户因收不到商品而产生疑虑，会联系客服寻找帮助。

❺ 产品和服务质量不符合标准。例如，用户收到的商品被损坏、蔬菜不新鲜、工作人员态度恶劣等。

❻ 不同用户对体验的预期不同。例如，承诺的是1小时配送，有些用户在下单40分钟的时候就有紧迫感，联系客服帮助催单。

❼ 不可预计的其他问题。

企业的所有部门会尽量争取更好的用户洞察和可靠的交付实施，从而减少这些不一致。而客服就需要在产生不一致的时候帮助用户解决问题，同时，需要把这些问题进行汇总，并反馈给部门领导，从而减少类似问题的发生，共同营造和谐的用户体验。

在互联网时代，如果我们不在用户产生疑虑的时候帮助他，用户会很快找到替代产品。因此，客服要帮助的不仅是发生问题并且找到客服的用户，而是所有产生了误差、遇到疑虑的用户。客服要更主动地预判可能会发生问题的场景，并且让用户方便地找到客服解决问题，而不是让用户找不到服务入口。

为了更好地理解不同的产品历程中客服的作用，我们来看两个典型的用户的产品体验历程(以下简称"用户体验历程")。

案例一：空调购买安装使用的用户体验历程

我们有这样一个比较传统的空调购买历程(见图1-4)。用户想买空调，首先，他会通过报纸、广告和卖场等方式进行比较，从而选择购买哪个品牌的空调；然后，在销售人员的引导下完成品牌和型号的选择，完成支付和登记地址、电话等信息；等待两天之后，空调送到家中；收货之后，用户需要拨打空调厂家的电话来预约上门安装；两天后，安装师傅上门安装空调，用户开始正常使用空调；使用两周之后，用户发现空调不制冷了，需要再次拨打热线电话来报修；报修后，维修师傅联系用户，确认故障和预约上门维修时间；维修完成后，用户接到厂家的电话回访，用户表示比较满意。至此，这次用户体验历程宣告结束。

图中提到的所有"服务场景"都是在这个典型的用户体验历程中经常出现的。其中：在收货环节，家电送达用户家中，却没有主动上门安装，而是需要用户自己通过某些方式来"申请"安装，这就出现了用户体验历程中的断点，即用户需要自己拨打电话让用户体验历程顺利进行，此时用户的产品体验历程是不连续的。

如今，大家购买大家电时，普遍需要进行网上下单、配送安装一体化、报修自动化等操作，这些体验历程中的"断点"随着每一次的信息打通和企业的流程再造在逐渐减少，带来的是用户体验的提升和服务比例的减少。

案例二：买菜上门的用户体验历程

我们再来看一个线上线下结合(OTO)的用户体验历程。我们从图1-5中可以看到，用户从产生购买需求开始，经历了选择品牌、选品、下单、支付、等待配送、配送完成和售后等环节，大部分的交互都是在应用程序上完成的，只有配送环节是需要面对面接触的。在这样的用户体验历程中，用户在选品、下单等环节也会遇到一些需要客服解决的场景，但是发生服务的比例会低于线下交易的发生比例。另外，产品体验历程中的送货和退货环节会产生中断和等待，这里的发生服务的比例要高于其他环节。这也再次印证我们说到的"断点"容易产生服务需求。

时间	需求	售前	售中				售后		
阶段	选择品牌卖场	进入卖场选品	购买	等待配送	收货	等待安装	安装	使用	维修/售后
时长/中断	—	1小时	15分钟	3天	30分钟	2天	2小时	—	3天
服务场景	·面对面销售 ·找门店 ·问性能 ·比价格		·提供送货地址 ·约定时间 ·支付完成	·催送 ·查询 ·改期	·申请安装 ·上门 ·回访	·催促 ·改期	·配给 ·安装 ·验收	—	·报修 ·确认上门 ·回访
服务率	XX‰		XX‰	XXX‰	XXXX‰	XXX‰	XX‰	XX‰	XX‰

图1-4 大家电的用户体验历程图(线下门店)

时间	需求	售前	售中			售后	
阶段	选择品牌	选品	下单	支付	等待配送	配送完成	售后
时长/中断	10分钟	5分钟	1分钟	1分钟	1小时	1分钟	2小时
服务场景	·咨询	·售前咨询 ·优惠券 ·会员	·红包 ·减免	·支付失败 ·优惠使用	·查询 ·退换 ·改期	·商品少送 ·提前送达 ·与商品描述不符	·退换 ·质量 ·安全 ·积分
服务率	X‰	XX‰	X‰	X‰	XX‰	X‰	XX‰

图1-5 生鲜配送的用户体验历程

综上所述，在互联网时代的背景下，企业更加关注用户体验历程，客服职责是纠正企业的体验设计和用户认知之间的偏差，让用户尽快回到正向的用户体验历程中。因此，客服的职责不仅仅包括处理好主动找上门的用户，还包括需要处理好所有可能产生疑虑和不满的用户。同时，客服需要推动整个企业不断改善体验设计，让用户的体验更顺畅。

在企业背景和客服职责均已发生很大变化的时期，我们不能仅着眼于传统的精细化运营体系，而是要接受新的挑战，建设新的客服体系。

1.2.4 新客服面临的六大挑战

根据前面讲到的互联网时代的特点和企业特点，我们梳理了客服体系在这个时代会遇到的六大挑战(见图1-6)。

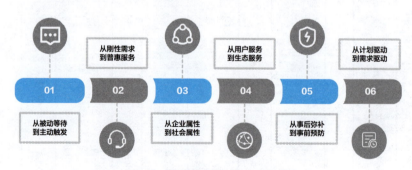

图1-6 新客服面临的六大挑战

1. 从被动等待到主动触发

互联网时代具有用户需求量大、信息传播成本低、用户的选择自由及传播自由等特点。如果我们不能在用户产生兴趣的时候留住他，在用户产生疑虑的时候把问题解决好，在产品出现瑕疵的时候关注到问题，那么用户将很快地转换品牌，甚至让抱怨的情绪大肆蔓延，对企业产生不好的影响。

因此，客服不能仅仅是一个被动等待用户的"联络平台"，也不能仅仅处理好用户提出的问题，而是要在用户体验历程中主动铺设客服与用户的接触点；在某些关键的、重要的场景，甚至要主动出击。客服被要求从过去的被动等待，转变为现在的主动场景化布局。

2. 从刚性需求到普惠服务

在客服处理的问题中，有一些问题比较容易回答，比如用户出于好奇提出的问题、有关产品使用的问题等；有一些问题难以回答，比如商品质量问题、不能履约的问题等，我们将这些问题理解为用户的刚性需求，如果没有解决好这些问题，用户体验历程将无法继续。传统的客服更倾向于必须解决刚性需求，希望由其他部门人员解决其他问题。如此一来，很容易出现客服电话"躲藏"在网站的最深层页面中的现象。

我们需要消除所有用户在产品体验中的误差，立足于帮助用户解决大大小小的所有疑虑和好奇，而不仅是解决用户的痛点。这种服务的理念，我们称为普惠服务。

3. 从企业属性到社会属性

对于客服的规则，不能仅局限于遵循企业内部的标准和规则。因为用户可以非常方便地了解到其他同行是怎么处理类似问题的，规则是什么。客服的解决方案需要向优秀企业的规则看齐，由此可见，客服规则具备了一定的社会属性。客服可以从用户的反馈中，反推企业在问题处理上应向优秀的企业快速看齐。

4. 从用户服务到生态服务

客服不仅是对直接消费者负责，还要对整个生态中的所有参与者负责。

5. 从事后弥补到事前预防

服务是所有岗位的补位者，是整个链条的尾端，前端的微小波动，就可能给末梢带来飓风，更何况每天前端还可能有几百上千次的波动。如何能够让自己不会每天陷入飓风中呢？最好的办法还是事前约定，让企业的所有产品经理具备一些基本意识，最好是遵守某些基本规则。

在互联网时代，企业的数字化和迭代速度不断加快，应形成体验设计的主动意识，主动预防问题的发生。

6. 从精细化运营到弹性运营(从计划驱动到需求驱动)

对于传统的客服人力储备，从完成招聘到培训认证大约需要4～8周的时间。由于业务量的不确定性，业务的变化周期远远小于客服的人力储备周期。因此，我们要把重心放到服务弹性上来。

这里所说的弹性，不是降低客服质量和用户体验，而是更快更好地提供服务。我们需要做好弹性运营，除了考虑人力储备和用工方式，还需要考虑技能的细分能力和服务分级分流策略。从运营结果上看，区分这两种运营模式的关键，是对"效率"给出不同的定义，前者是看人均处理的数量，从而计算成本；后者更关注达到可接受的质量所需要的时间。企业的"效率"，不再是其他企业用10个人做到的，我可以用5个人做到；很多时候变成了，其他企业用两周做到的，我要用一周做到。

面对这六大挑战，客服管理者们如果还沉浸于传统客服的精细化运营，试图把所有增加的新渠道、新技术及新任务用原来的模式框架管理，就会出现客服越来越忙，打分越来越高，但是用户和企业却未必满意的现象。我们是时候要思考一下，新的客服体系应该怎么做。

1.3 数字化客服体系做些什么

新的客服体系诞生于数字化时代，用数字化和产品化的方式来解决问题，同时会落地为数字化产品，因此，我们使用"数字化客服"来指代我们说的新的客服体系。简单地说，数字化客服体系主要完成以下三个任务。首先，要推动企业减少体验误差的产生，从而提升用户的使用体验；其次，要快速解决用户的问题，提升用户的客服体验；最后，要在以上两者的基础上，尽量提升效率。

1.3.1 推动企业提升用户的使用体验

推动企业提升用户的使用体验原本不是客服的第一职责，不过这是做好客服职责的必要条件。因为在这个海量需求和体验至上的时代，如果问题的数量和内容不能走向可控，客服很难靠埋头苦干获得良好的用户体验，因此，我们应避免问题的发生。

我们需要引入一个新的概念来衡量企业的产品体验与用户认知之间的误差，这个概念就是服务率。从直观上理解，服务率就是在一定的交易数量下，发生用户服务的概率。这个数值的大小，首先体现的是这个业务本身的特性，也就是这种业务模式在当下的技术水平下能够做到的大致水平；其次，这个数值在同一个业务上的变化，意味着用户使用这个产品的体验变化。服务率在同一时期不同企业之间的区别，反映了不同企业在用户体验上的差距。

服务率的计算公式为

$$服务率 = 服务发生的次数 / 交易数$$

访问量、订单量、产品保有量、持卡用户数、活跃用户数等都可以作为服务率的分母，选取的时候尽量与企业关注的角度一致。例如，电商关注订单量，制造业关注产品保有量，银行关注活跃用户数，综合平台关注访问量及交易金额，视频网站关注视频观看次数或者用户停留时长，等等。也就是说，企业用什么衡量业绩增长情况，就用什么来衡量这个值会带来的服务比例。

同时，频繁变动的分母和过于庞大的分母会给指标的敏感性带来困扰，因此在选择时应有所取舍。例如，企业在计算服务率的时候，分母选择用保有量还是当年销量呢？显然当年的销量更能敏感地反映服务量的变化，而往年销售的产品不会显著影响今年的服务量，只有在指标波动时才需要关注。

表1-1描述了不同服务率的表现。

表1-1　不同服务率的概念

服务率名称	分子/分母	含义
万订单服务率	触发服务的总次数/订单数量	人工、智能门户、IVR[①]中的服务请求总数
万订单人工服务率	人工服务的次数/订单数量	更关注刚性的和与成本直接相关的人工服务
千分钟服务率	服务总次数/浏览的分钟数	某些非交易业务

从表1-1可以看到，每个服务率的概念都有一定的价值，从管理角度来看，我们要在当下和未来一段时间内，采用适当的一个或几个服务率，来对用户体验进行持续跟踪。

客服推动企业提升用户的使用体验，会体现在服务率的下降上。不过，这不能简单地用服务率期初和期末的差值来衡量，需要排除掉环境顺风和环境逆风的影响，看到客服在推动变化这件事情上的真正收益，这样有助于我们看到客服在体验提升上的真正价值，既不会因为环境顺风而夸大，也不会因为环境逆风而被埋没。图1-7就是一个体现了环境顺风和环境逆风的影响推动体验提升的示意图。

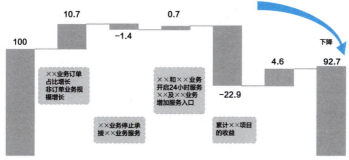

图1-7　用服务率衡量体验推进的收益

---

① IVR，英文全称为interactive voice response，即互动式语音应答。

如图1-7所示，某公司的万订单服务率从100下降到了92.7，但是我们不能简单地认为客服对体验推进工作的贡献就是8.3。从图里我们能够看到业务本身的组成变化，以及服务时间的延长，会带来10.7、0.7的环境逆风影响，这是不可控的；之后有些业务主动采取的策略，会带来1.4的环境顺风影响；在此基础上，可以统计到项目收益将带来22.9的影响，最后还有4.6的影响源自其他因素。但是，目前发生的环境顺风因素和环境逆风因素，要在后续制定体验推进策略的时候考虑到。

体验推进项目的目的并不是阻止业务变化，而是衡量业务变化带来的体验变化，从而建立一个良好的闭环，让服务率逐渐处于可控的状态。

以上我们重点谈到了服务的数量改变带来体验的变化，同时，我们要意识到，问题的痛度和严重程度比数量还要重要。因此，除了衡量服务率，我们还建议衡量投诉率和危机率。

投诉率：在整体的人工服务量中的产品质量问题、工作质量问题，以及导致用户产生经济损失、情感损失或者其他严重问题的服务量，我们归类为服务中的"投诉"，相应的比例为投诉率。投诉率可以按照问题类型和员工对用户情绪的把握在工单记录中标记出来。

危机率：问题性质涉及敏感人群、人身财产安全及服务过程严重瑕疵的问题，被定义为"危机"，相应的比例为危机率。

我们可以使用专门的问题分类和系统监控来发现并且标记，如表1-2所示。

表1-2 按用户痛度划分服务率

服务率名称	分子	用户的痛度标记
万订单服务率	触发服务的总次数	1
万订单人工服务率	人工服务的次数	3
万订单投诉率	对用户伤害程度比较高的服务次数	4
万订单危机率	对业务和企业有风险的服务次数	5

1.3.2 快速解决用户问题，提升用户的服务体验

我们前面提到，客服可为产品体验和用户认知之间的误差纠偏，这个纠偏是指误差发生的当时，能够让用户以最小的费力度，回到产品体验的正轨。在产品体验中，客服的主要职责就是快速解决用户的问题。

1. 怎样衡量客服体系的解决能力

我们可以采取多项指标来衡量客服的解决能力，如用户满意度、平均结案时长、首次解决率、客服解决力等。在管理呼叫中心时，以上几个指标我都用过，但更倾向于使用客服解决力这项指标。

(1) 用户满意度

用户满意度一般通过即时用户满意度调查结果来体现。即时用户满意度调查的基本方法是在机器人、在线服务、电话服务结束之后，立即邀请用户对服务进行评价。这种衡量方式的好处在于能够直接收集反馈结果，并且能够将结果分解到每一个提供服务的人，便于复盘和管理。因此，在过去的十几年中，这个指标被普遍采用。不过在大部分的客服中心，这个指标的达成度很高，并且数值的波动和差异非常小，为什么呢？

数字化 **客服设计**

最大的问题在于用户满意度指标的指向不清。当我们向用户询问用户满意度时，问的是用户对公司解决本次问题的满意度，还是对客服人员的服务满意度？一般来说，客服管理者往往希望问的是后者，在话术里也是这么说的("请对我的服务进行评价")；但是，用户想反馈的是对公司和解决问题的满意度。为什么会发生这种偏差呢？因为很多客服管理者认为自己能控制的只有客服人员的态度和对流程的执行，无法控制问题是否解决，以及流程是否合理，后面的流程还要依靠企业的支持。客服管理者仅仅追求提高用户对客服人员的满意度，可能掩盖或扭曲了用户对企业的满意度，这就使得满意度的结果并不能真实、全面地反映用户的感受。

(2) 平均结案时长

平均结案时长是一个过程指标，它直观地体现了我们接到用户问题之后，用了多久把事情解决。我们应将一个用户就同一个问题多次来电算作一个服务历程，而不是将一次来电或一次在线客服咨询算作一个服务历程。如果平均结案时长较长，例如平均解决时间为7天或者更长，那么缩减平均处理时间会直接推动一些流程的变化和客服内部管理盲点的修正。

但是，如果把平均结案时长用于考核客服人员和管理者，企业可能会过度地追求结案时长的降低，有时候带来好结果，有时候反而带来坏结果。好的措施是梳理和优化流程，消除不必要的拖延，还会有专人跟进长时间没有结单的投诉，这些都会带来好的用户体验；坏的措施是默许客服人员在看起来差不多可以结案的时候就关单，或者客服在这部分工作做完但是相关的处理还没有处理完的时候，就把工单结束了，此时，用户问题还没得到完全解决。单纯看这一个指标的好坏，往往不能体现用户对解决能力的感受。

因此，平均结案时长的数字不能全面地体现问题解决的快慢和好坏，它只是一个过程指标。

(3) 首次解决率

首次解决率衡量的是我们能不能在第一次与用户接触的时候就把用户的问题解决了，或者反过来看，有多少用户需要多次联络客服来解决同样的问题。

这个指标与平均结案时长一样，可以推进一些正确的做法：例如管理者会梳理流程，尽量让一线员工有利力解决更多的问题，避免问题升级和再次联络；研发人员可以在工作台中增加多方通话、多媒体收集用户证据的方法，让员工在一次交互中就得到解决问题所需的所有信息；员工会更多地预判用户后面遇到的困难，更清楚地给用户描述整体解决过程；员工会尽量明确地告知用户解决方法和解决时间点，避免用户再次来电。

但是，它同样会造成一些不好的结果，例如在最开始就过分强调后面的小概率事件，让用户烦躁。同时，我们发现，为了追求首次解决率，企业把解决问题的标准降低，再次来电时会新建工单。例如，用户来电的目的是退款，客服的工作应该是把钱退到用户账户中，而不是把流程改为告知用户相关的操作方法，然后关单。

制定客观的数字化指标，带来了流程改革和技术革新，这是这些指标追踪的好处；管理者在日常管理中，在看到这些指标持续变好的同时，还要看到是否有更好的流程创新和科技创新。如果仅仅将指标层层分解，其得到的持续改善，往往不是用户真正想要的。如果不同时观测用户真实的反馈，这些指标就会在精细化管理中变形走样。

因此，我更建议使用客服解决力这个指标来衡量用户问题在整个服务历程中的解决程度,从而最大限度地体现客服体系的解决能力。

(4) 客服解决力

我们通过打分的方式对客服解决力进行评价,4个分数的定义如下:

1分是敷衍,没有同理心,没有厘清用户诉求,没有满足用户的基本需求。

2分是传声筒,厘清了用户诉求,但是仅仅站在公司的角度上传达结果。

3分是解决,站在用户角度,解决了用户反馈的问题;虽然未完全达到用户期望,但是在解决时采用了治愈、缓解和安慰等多种解决方式。

4分是惊喜,用超出用户预期的时长或者方案,解决了用户问题。

图1-8是客服解决力的示意图。

从图1-8可以看出,我们需要有一个比较全面的评价过程,以保证结果的公平有效。因此,我们建议从以下三个角度进行评价。

❶ 用户视角:收集用户的直接反馈。将即时用户满意度调查改为在整个服务历程完成后收集用户的反馈信息,而且在问卷中使用"您如何评价此次服务中客服的解决力"等结果性的问题,让用户反馈真实的意见。最初,很多人担心用户无法准确理解问题,从而无法做出正确的评价。当回收问卷的时候,我们发现,用户对解决力的评价与问题是否被真正解决非常一致,而其中不一致的,往往是因为在管理者视角上存在疏忽。

第 1 章 数字化客服是什么

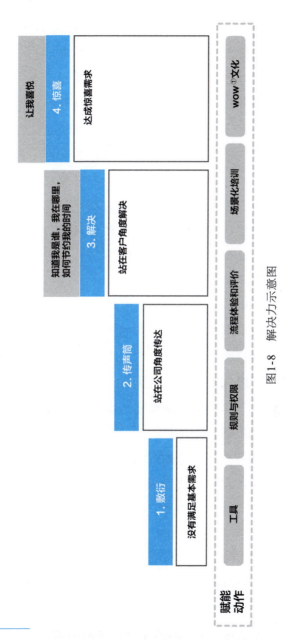

图1-8 解决力示意图

① WOW表示极大的惊讶或者赞叹。WOW服务是指追求让用户赞叹和喝彩的服务。

❷ 管理视角：客服内部的质检体系改革。客服管理中普遍认同的是，在实行一个新的评价标准前，应先要在客服的中层管理者和质检人员中达成共识，这种共识将在日后的细微管理中形成企业文化，从而推进客服体验的进步。但是，让大家对自己的案例勇敢地打出1分，是需要一场内部变革的。大家要通过由上而下的内部校准进行打分，这代表着企业对待用户的平均态度，也将影响客服的权限和标准。要想推进整个公司对体验瑕疵的重视，需要从客服内部的意识转变开始。就算有一些事情我们还没有得到整个公司的支持，但是我们至少应该有意识地给这样的案例打出1分。

❸ 业务视角：收集公司所有部门的反馈信息。建设客服内部评价和用户评价的收集机制，使客服体系内部对某个事物的看法逐渐趋同，并且与用户认知进行校准。这时候，要想真正推动解决力的提升，需要从企业第一负责人到每个职能部门的负责人都达成共识。行之有效的方式之一就是听音制度。听音制度是指关键负责人一起去了解用户的问题是如何被解决的，并且请业务人员对解决力打分，打分之后服务部与业务部当场协商如何提升某一类问题的解决力，以及某些问题如何能够改善并且"减少发生"的比例。关于听音制度的建立，我们会在第2章中介绍。

过去，我们在讨论要不要给客服部门开通某些权限或者承诺解决问题时间的时候，客服管理者和业务人员往往很难达成共识。但是，当大家站在用户的角度真正聆听客服电话的时候，往往很容易达成共识，也容易给出较好的解决方案。通过直观的结果反馈使大家达成共识，比过去大家围绕着具体的流程和权限达成共识要容易得多。

我们通过用户反馈和内外部评价，得到大量解决力评分结果，可以进行一些相关性分析。通过分析我们发现，解决力的最大影响因素是"最终方案的有效性"，第二大影响因素是"解决问题的交互次数"。若联络次数过多，则用户评价的解决力和满意度会出现明显的"拐点"。这两个因素是我们提升解决力的关键因素。

2. 正确认识极端案例

极端案例是指与用户的生命安全相关或者容易给公司带来极大负面影响的风险事件。这类事件的发现、响应和处理方式，要与普通事件区分开。对于风险事件的处理方案，往往不再按照客服体系的逻辑，而需要与多部门联动响应。客服体系需要从每天诸多的事件中识别出风险事件，并且能适当地升级和及时地响应。极端案例的结果往往是灾难性的，在这一点上，我们考核的是客服体系的预警响应速度和正确处理的能力。

1.3.3 数字化客服体系的效率和成本

在客服入口充分开放、服务速度符合用户预期、解决力至少为3分的前提条件下，我们需要对客服的效率有不同层次的考虑。

1. 稳定增长期的运营效率

在呼叫中心的精细化运营中，我们多次提到运营效率，即通过精准预测、排班、现场管理、人员管理等方式，最终保证恰好有合适的人在合适的时间处理合适的问题量，在服务质量保障的前提下达成合理的人效。

我们都知道，技能培训认证后上岗，是客服体系对用户满意度最有效的保障手段。因此，客服人员的增和减需要花费4~6周的时间，我们的预测和规划能力应不断精进，保证我们能够预计好两个月以后的业务量和人员增减的数量，这是效率提升的关键。同时，人效提升会使单件业务的运作成本下降。

在迭代速度不断加快的环境里，这种效率管理遇到了几个困境：首先，由于业务变化的迭代速度快，预测的准确率无法保证，突发事件和临时事件成为常态；其次，在业务量突增时，不恰当地追求效率会导致流失率升高，而流失率升高会造成效率进一步下降，以及流失率进一步升高；最后，在业务量或者服务量达不到预测时，冗余的人力会给运营人效造成很大波动。

因此，运营效率是一个可观测和可控制的数值，在没有重大变革的时候应该追求持平或者控制在5%以内的提升率，并且采取流程改革和系统改革的方式来提升运营效率，避免过度的精细化管理，当然也要避免不可控现象。

2. 临时需求弹性和响应周期

弹性是指在服务量突增的情况下，通过人力的冗余和现场调配可以保证质量和服务速度；周期是指在超过这个百分比的情况下，需要多久能够调配到充足的人力资源。表1-3展示了运营体系的现场弹性和响应周期。

表1-3 运营体系的现场弹性和响应周期

临时需求弹性和周期	10%～20%	20%/300人	30%/450人	50%/大于450人
限制指标	质量和速度	质量	质量	质量
平稳期人力资源调配周期	不受影响	2周	4周	8周

这种"效率管理",追求的不是人均处理效率,而是客服对业务变化的响应效率,是客服管理中的"人力弹性"能力。我们可以通过对技能的细分和培训周期的缩短,来提高人力弹性;可以采用灵活的用工模式,增加人力的冗余储备,必要时可以快速调用;为了保障对业务的平稳支撑,企业还可以调用提前培养好的冗余人力,这种方式会影响单服务成本,但是具有较高的人力弹性。

因此,在业务有可能迅猛增长或者有较大波动时,我们需要提前制订冗余计划和弹性管理预案。表1-4展示了有冗余的服务弹性,在有10%冗余的前提下,客服可以应对的业务波动能力从10%提升到了20%。

表1-4 有冗余的服务弹性

临时需求弹性和周期	10%～20%	20%/300人	30%/450人	50%/大于450人
限制指标	质量和速度	质量和速度	质量	质量
平稳期人力资源调配周期	不受影响	2周	4周	8周
快速增长期有10%冗余	不受影响	不受影响	2周	4周

3. 爆发式增长时的服务分级分流能力

服务的分级分流能力,是指当各种突发事件导致海量客服需求来到服务入口的时候,客服体系能够最大限度地保障用户基本满意及真正刚性需求的合理处理的能力。

服务历程中,设有智能、语音导航、人工处理等各个环节,在紧急时刻，这些环节要有能力缓冲一定的服务量，从而让每个环节在自己的弹性范围内保质保量地完成任务。其具体包括智能客服引流、人工限流(服务降级)、技能分拆和快速认证上岗等具体手段，这些手段有可能会短期影响满意度，但是可以将有限的人力投入到最紧急的事件处理中去。当然，系统应如实记录服务降级的起止时间和影响程度，避免成为惯例。

这三种效率管理，分别代表了运营层、调度层和客服规划层对效率的追求，由于面对的变化幅度不同，每个层次的调节范围也不同，表1-5展示了不同业务模式下的服务效率关键点。

表1-5 服务分级

	临时需求弹性和周期	10%～20%	20%	30%	50%
限制指标		质量和速度	质量	质量	质量
运营层	平稳期人力资源调配周期	不受影响	2周	4周	8周
调度层	快速增长期有10%冗余	不受影响	不受影响	2周	4周
客服规划层	突发事件服务分级能力	不受影响	不受影响	服务分级	服务降级两周恢复

这三层的效率会影响最终的单人工客服成本。因此，单人工客服成本不是越低越好，而是要根据业务发展要求和阶段，提供不同的冗余和调度能力，从而核算出综合成本。由于对冗余的要求不同，静态期、增长期和动荡期的客服效率会有很大的区别。当然，客服的任务是在任何时期、保证质量的前提下，达到最合理的接起速度和最佳的效率。

4. 客服成本和预算编制

在新客服体系中，我们将服务量、人工服务率与公司的交易产生了关联，客服成本的计算公式为

第 1 章　数字化客服是什么

客服成本 = 交易量 × 人工服务率 × 单人工服务成本 +
消费者保障成本

首先，我们要理解在一个成熟运营的客服体系中，单人工服务成本不应该是逐年下降的。原因有两点：第一，我们刚刚谈到在不同的弹性要求和服务级别要求下，单人工服务成本是不同的；第二，随着社会平均人力成本的上升，智能能力的提升，员工素质和解决能力也应逐年上升。业务发展越快速、越动荡，越要关注用户体验，也就要接受服务成本暂时比较高的情况。

其次，我们要了解消费者保障成本，即在问题的责任方边界模糊的时候，企业主动承担一部分用户损失或者用补偿来表达对用户伤害的歉意所产生的成本。我们可以通过降低问题发生概率和防止某些权力滥用这两个方式来控制消费者保障成本，但是不能通过权限的限制来降低消费者保障成本。要让员工养成依据事情的合理程度和对用户的伤害程度来承担责任的习惯，而不要让员工养成跟用户讨价还价的习惯。

同时，我们知道服务体验对用户的去留影响明显，因此，我们不能通过缩减入口来减少服务比率，也不能通过隐藏人工入口来降低人工服务率。人工服务比率的计算公式为

人工服务率 = 服务率 × (1 - 智能解决率)

智能解决率的提升是要在人工入口明显的前提下，用解决能力来逐步实现的。

因此，对客服成本的控制，最大的变量是服务率的下降，也就是提升用户体验，增加用户洞察，减少产品体验与用户认知之间的误差。图1-9展示了客服成本的结构。

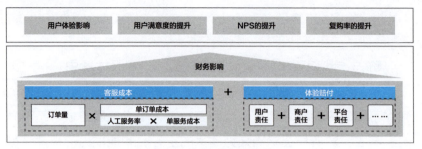

图1-9 客服成本的结构

我们要与业务部门一起关注整体的服务率,也要积极地应用智能客服,提升智能解决的比例。这两者的贡献,可以在客服预算中体现出来。为了体现得更直观,我假设运营带来的效率提升抵消人力成本的增长。表1-6展示了客服成本的预算逻辑。

表1-6 客服成本的预算逻辑

指标	来源/计算	YOY[①]	原则
(a) 交易量	业务/财务	80%	根据业务举措,假设环境顺风、环境逆风和改进机会
(b) 服务率	业务/客服假设	-10%	
(c) 服务量	(c)=(a)×(b)	62%	
(d) 智能解决率	客服预测	5%	初期增长明显,后期需要谨慎
(e) 人工服务量	(e)=(c)×[1-(d)]	30%	人工服务量增长低于交易量增长
(f) 总成本		30%	假设效率增长与人员成本增长抵销
(g) 人工服务率	(g)=(e)/(a)	-15%	
(h) 单交易成本	(f)/(a)	-28%	体验推进带来的收益
(i) 单服务成本	(f)/(c)	-20%	新客服设计带来的收益
(j) 单人工服务成本	(f)/(e)	0	运营带来的收益抵销人员成本的增长

我们看到,在业务量增长80%的前提下,通过体验推进来降低服务率,通过提升智能客服的能力来提高智能解决率,最终可

---

① YOY是指年对年增长率。

以让服务量的增长慢于业务量的增长。即使客服的效率提升仅仅与人员成本的增长持平，也可以降低每笔交易的客服成本。

因此，大家要逐渐意识到，决定客服成本的不是客服，而是客服推动整个企业对提升用户体验进行的探索和努力。

综上，客服的价值对于普通的用户来说，主要体现在以下两个角度：

❶ 这个企业的体验靠不靠谱，会不会经常让我遇到问题，此时客服的价值是服务率下降(用户体验历程)。
❷ 这个企业的兜底能力靠不靠谱，事情解决得怎么样，此时客服的价值是费力度和解决力如何(服务历程)。

以上两点影响了用户在这次体验历程上的最终感受，提高了这个用户对企业的忠诚度或者复购率。客服体系的设计，应围绕这两个最终目的来进行。

1.4 数字化客服体系框架

企业开始向数字化和服务型企业转型，客服也要逐步搭建起新的客服体系。通过以上对数字化客服的工作职责和方向的介绍，我们能够看出，客服体系的设计、组织结构和工作目标与以前都有了较大的不同。这个不同不是哪家公司凭空设想出来的，而是在面临前面提到的现实的六大挑战中摸索出来的。本书也将围绕着图1-10数字化客服体系框架展开论述，这个框架的设计围绕着用户体验，以NPS等用户体验的行为指标来约束和迭代整个体系。

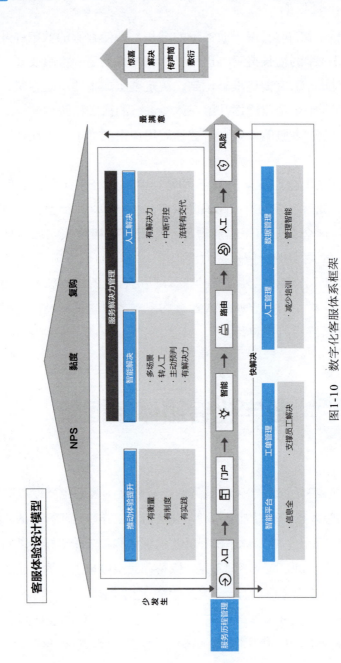

图1-10 数字化客服体系框架

第 1 章 数字化客服是什么

客服的职责是减少产品体验与用户认知之间的误差，可以通过三个主要方向来衡量客服的工作：推进服务率减少，提升客服解决力和保持费力度最低，并在此基础上关注效率。

数字化客服体系主要有推动体验提升、服务历程管理和服务解决力管理三个模块，分别体现了少发生、快解决和最满意三个点。服务解决力管理可以被分解为智能解决环节和人工解决环节，但不是串行的，是可以同步进行的。

客服的管理体系包括智能化管理、工单管理、人员管理和数据管理四大模块。

新客服体系是由客服设计者本着客服解决问题的初心，充分应用数字化、智能化的技术设计实践的客服新模型。这个数字化客服的模型突出的是用户体验，以及服务设计者围绕用户的使用体验和服务体验而进行的设计布局，其中的新技术、新工具和新产品，都是服务与整体设计的实现部分。模型还刚刚起步，其中的细节和要点，应与所有的服务实践者一起参与。

在这样的职责下，数字化客服体系的组织结构如图1-11所示。

与传统的客服组织相比，数字化客服的组织有以下几个职责模块。

❶ 服务体验设计中心，是客服与业务交流推进使用体验的中枢，是客服历程的设计中心、新模式创新中心，也是智能客服和人工客服的知识点运营中心。体验中心的目的是用设计来引领技术，带给用户最好的体验。

数字化 客服设计

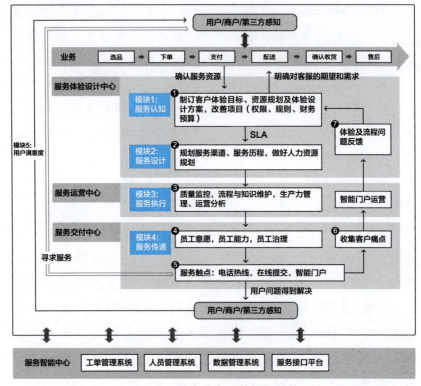

图1-11 数字化客服的组织结构

❷ 服务运营中心和服务交付中心,与传统客服中的设置相似,不过正如我前面谈到的,根据质量和效率的目标变化,这些中心的工作方式会有所不同。

❸ 服务智能中心,包括产研和数据团队,主要涉及工单管理系统、人员管理系统、数据管理系统、服务接口平台。

本书会在后文中,以这个框架为基础,详细阐述服务体系的设计,并在每一部分附上案例,可作为搭建新客服体系的参考。

第 2 章

体验推进

2.1 用服务率评价体验改善工作
2.2 提升服务率在公司的认知和改善意愿
2.3 改善体验的典型场景和路径
2.4 体验推进工具之体验地图
2.5 体验推进工具之作战地图
2.6 体验推进工具之项目地图
2.7 不同业务发展阶段的体验推进

2.1 用服务率评价体验改善工作

第1章中谈到,在用户体验历程中用户认知与产品设计之间存在误差,我们一般用服务率来表述这个误差。图2-1展示了在整个用户体验历程的不同场景下存在的客服需求。但是,这些并不全面,例如一次线上的支付故障导致5分钟内10 000次服务请求,但是受故障影响的订单可能是10万份。因此,我们通过整理客服的咨询记录,仅可以看到"点状"的用户之声。

时间	售前		售中			售后	
用户体验历程	售前	购买	送货	安装	使用	维修/售后	
客服需求	·找门店 ·比价格	·支付失败 ·红包	·催送	·报装 ·上门 ·回访	·咨询	·保修 ·派单 ·确认上门 ·回访	
服务率	X‰	XX‰	X‰	X‰	X‰	XX‰	

图2-1 用户体验历程与客服的关系

2.1.1 为什么大数据时代我们还需要点状的用户之声

在工业时代,企业很少能够接触到直接用户,难以追踪用户在收到产品之后的使用情况,更难知晓用户是否再次购买、有无用户流失。而通过售后客服的信息收集和反馈,可以

第 ❷ 章 体 验 推 进

很好地倾听用户的声音,无须用大海捞针的专业调研来收集VOC[①]。因此,客服的服务率收集和反馈是整个企业的体系纠偏的最佳途径。

在互联网时代,用户的行为已经通过体验历程被清楚、直观地反映出来,产品经理通过收集每一个页面的访问、停留、跳转、交易等数据,客观了解用户的选择与产品设计是否一致、交易是否达成及是否持续发生。那么,为什么还需要通过客服对用户之声的收集和反馈来进行纠偏呢?有以下几个原因。

❶ 有助于及时发现风险。极少数痛点案例或者涉及法律底线的问题反馈,需要更敏捷和快速地发现及纠偏,而这类问题反馈在问题规模和比例数字上,是很难被关注的。例如:某个页面的用户隐私授权的默认勾选被用户诟病,或者某公司的自助类保险产品的默认勾选后的直接扣款受到用户质疑。此时,处理人员往往能够敏锐地嗅到风险的发生,数据变化反而是迟钝和滞后的。

❷ 知其然还要知其所以然。有时候我们观察到支付成功率或确认成功率下降的情况,但是不知道其发生的原因。此时,如果我们能收集到用户的声音、了解用户关键词等,就能帮助产品经理理解其中的原因,以便更精准地应对问题,同时,服务的咨询记录可以给产品经理提供很好的细节反馈。

❸ 海量数据会带来频繁的波动,这让运营人员找不到重

[①] VOC是用户之声,在六西格玛项目中,通过收集VOC,切实分析用户的真实意图,从而分析出项目的CTQ(关键质量特性)。

点。我们可以配合服务率的分析，从频繁的波动中找到真正对用户有影响的数据。服务率体现了这些波动影响到的用户比例，而底层数据可以帮助分析人员找到波动的起点到结束的全过程，对这两类数据的全面分析，让我们对事物产生清晰、快速的认知。

④ 蝴蝶效应。交易端的一个微小的波动，会给服务量带来巨大的影响。例如，某地区的暴雨导致订单量激增，配送运力瞬时不足，整体成单率、退款率，甚至平均配送时长上都有异常反应；瑕疵订单率从十万分之三增长到十万分之三点五，对订单的成交的影响几乎可以忽略，但是这些会对服务产生影响。服务设计师发现异常波动后，可通过波动归因分析找到原因，从而改进流程，改善用户体验。

⑤ 关注点的交错。产品经理对数据的关注往往在于交易(包括搜索、停留、下单等有金额和无金额的交易)的发生和成功，而客服收到的往往是用户对这件事情真实的感受和选择。产品经理对此不太关注，但是客服会极为重视。这种关注点的对撞和交错，有利于促进企业产品被多角度地打磨。

2.1.2 为什么服务率是一个比订单瑕疵率更完备的体验表征指标

很多企业认为，与其通过被动地观察用户寻找客服的比例来间接地评价用户体验，为什么不直接用过失率或者瑕疵率来评价呢？类似的内部指标还有配送延误率、缺品率、故障率等。我们从以下两方面分析原因。

❶ 瑕疵率是指服务没有达成企业自己定义的交付标准的比例。例如，我们规定一张外卖订单要求30分钟送达，瑕疵率即没有准时送达的比例。这种指标是不是用户在意的，还需要用户来反馈。因此，瑕疵率既不充分，也不完备。

❷ 服务率是指服务发生的比例，同时体现着问题解决能力。一个问题如果没有得到解决，或者解决方案是用户不满意的，则会导致用户重复请求，甚至会尝试更换各种渠道，短时间内多次联络，这些都可能只是一个瑕疵引起的问题，但是由于客服解决能力不够，导致了更高的服务率。

综上所述，服务率虽然是一个受到多方因素影响的数据，但是相比被严重高估的用户满意度，以及过于关注企业标准的瑕疵率，服务率仍旧是一个非常有效的"晴雨表"。如果干扰因素过多，我们可以拆分和细化服务率，从而能相对准确地衡量体验。

2.1.3 服务率细分的口径

图2-2是一张典型的用户体验历程图，从体验历程的各个环节及参与角色上，我们可以看到不同的场景问题，从而得到不同的细分服务率。

体验环节	订单状态：售前	订单状态：售中	订单状态：售后	非订单状态
	搜索/浏览 → 下单 → 支付	接单/派单/抢单 → 出餐 → 用餐	评价 → 退款	
用户	红包无法使用；无法参加活动	配送慢/配送超时；运力不足，无人接单；少送错送	个人原因无法退款	无对应FAQ(常见问题解答)
商家		配送过程中出现餐品损坏或配送超时，造成餐损；运力不足导致餐损；商家配送异常，联系不上用户	无法删除评价；不知道是否同意退款申请	自助入驻过程中出现问题
骑手		骑手单量与预期不符；商家出餐慢导致无法及时取餐；配送遇到异常导致无法正常配送	结算时效不符合预期；活动奖励异常；提现异常	App功能、规则不符合预期

图2-2　用户体验历程

如表2-1所示,我们可以根据进入渠道、是否人工、服务对象来区分服务率,如用户服务率、商家服务率等;可以通过体验历程的不同环节来细分服务率,如售前服务率、配送服务率、退款服务率;也可以通过细分的产品类型、某一次的产品迭代及细分的场景来计算服务率,如红包促销所致的服务率、某支付故障引起的服务率、恶劣天气造成的服务率等。其目的是让这些细分的场景与业务结果产生关系,有针对性地改善服务。这些细分服务率与我们后面谈到的体验推进的方法密切相关。

表2-1 服务率细分

	售前服务率	配送服务率	餐品质量服务率	退款服务率
整体服务率				
人工服务率				
用户服务率				
商家服务率				
骑手服务率				

但是,无论有多少种细分方式,有两个宏观的服务率需要大家持续关注。

1. 坚持衡量人工服务率,并且标注人工入口的开放程度

人工服务率的计算公式为

人工服务率 = 人工服务请求量 / (订单量 / 10000)

人工服务率体现的是智能客服解决不了的、最终进入人工环节的服务请求,也是决定客服成本的关键因素;这个指标的真实性受到一些服务易得性的约束,例如人工客服的入口在哪里、是否隐藏等,这些会影响人工服务率的高低。因此,在坚持衡量人工服务率的同时,要标注好服务入口的数量和人工入口的开放

程度。如此一来，在数字变化的时候，就能够区分是由服务投入的增加带来的人工服务的增长，还是由产品体验的变化带来的人工服务率的变化。在企业开始扩展服务入口、让服务更易得的时候，我们可以用人工服务请求量来衡量人工服务率。

这里的人工服务请求量，包含未能接起的数量和重复拨打的数量。因此，服务接起速度和一次解决率对人工服务率也有影响。服务接起速度是否足够快，意味着企业对客服人工的投入是否足够多。一次解决率是否足够高，客观上反映客服员工能够掌握的信息和权限。这两部分也反映用户体验的变化。

2. 衡量整体服务率，并且标注服务门户的开通情况

整体服务率的计算公式为

整体服务率 = 整体服务请求量(智能 + IVR) / (订单量 / 10000)

整体服务请求包括用户访问服务门户、拨打IVR、提交表单，以及至少一次的交互，但是不包括那些打通了电话或者进入了服务门户什么都没有做过的误入操作。在入口稳定的前提下，整体服务率越低越好。

整体服务率与前面的人工服务率同样受到服务入口增多、服务易得的影响。在不断增加服务入口的过程中，我们会观察到一些数字的特殊变化。

随着服务入口的增多，服务更加易得，整体服务率会快速增长。这是服务的普惠性，普惠服务会带来综合体验的提升和对用户声音更及时的反馈。但是我们也要关注对人工服务量的影响，避免因处理不了用户的问题而给用户造成不好的体验。

所以，如果智能客服有比较好的解决能力和用户满意度，那

么我们将发现人工服务率会在短暂增长后有一个逐步稳定甚至下降的趋势。

如图2-3所示,这是某个企业的真实案例。我们可以看到,以在线为主的智能入口开通后,在线DAU直线增长,但是万订单人工服务率却呈现稳中有降的趋势。这里就体现了用户的问题在整个服务历程中被分流解决了,达成普惠服务的同时,并没有增加人工成本。

渠道服务占比

以在线为主的智能入口开通后,在线DAU直线增长,但是万订单人工服务率却呈现稳中有降的趋势

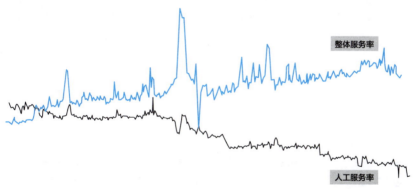

图2-3 人工服务率变化情况

整体服务率在服务体系变革的开始,随着服务入口的铺设会逐渐增长,我们要控制节奏,保证人工服务率的可控,甚至下降。最终,我们会得到能够更全面收集用户之声的整体服务率和人工服务率,并且逐渐通过改进体验历程降低服务率。

2.1.4 服务率与用户体验历程的关系

从服务率的定义可以看出,客服数量就是用户体验历程中用

数字化 客服设计

户需要帮助的次数。在设计产品的时候,我们肯定是本着减少用户费力度、不中断用户体验历程来设计的,但法律法规、环境、数字化程度等会让产品的用户体验历程在设计的时候就需要人工干预。例如复杂的产品需要销售,售后维修需要人工报修,法规要求保单必须要有回访,等等。这时候就需要由专门的团队来处理用户体验的中断。当然,随着技术的进步,需要人工帮助的情况在逐渐减少。用户体验历程的改革,会带来服务率的急剧下降和用户体验满意度的上升。

1. 酒店在线预订服务率和用户体验

2005年的OTA(在线旅游代理)公司,大体的用户体验历程如图2-4所示,用户会经历成为会员、电话预订、支付、信息查询/更改、入住问题、审核这几个环节,用户平均会有3.45次电话沟

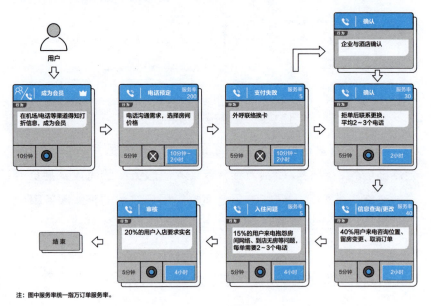

注:图中服务率统一指万订单服务率。

图2-4 OTA行业用户体验历程(2010年)

通，7次中断等待，最终完成这次旅行；而企业会付出比3.45次电话沟通更多的成本，来帮助用户完成本次旅行。按照我们现在的人工服务率计算口径，万订单人工服务率是34 500。对企业来说，从用户打进电话，到最后成功入住，成功率只有29%。

我们从中可以看出，高人工服务率有以下几个痛点。

❶ 高人工服务率意味着数字化和线上化程度不够，带来的用户费力度高，企业的成功转化率低。用户完成一次预订服务，需要3次中断和有可能一天的等待。

❷ 高人工服务率意味着高人工成本，也意味着企业飞速扩张的时候处理能力会制约企业发展。2010年世博会的时候，酒店预订行业遇到了几倍速的增长，可是当时的OTA行业的发展普遍受到人力的制约。

服务率高，则说明用户体验有痛点、中断，并且客服成本很高，会给后来者制造进入的时机，我们应该着力解决线下的人工服务线上化的技术壁垒，给用户带来更顺畅的体验，以吸引更多的用户。这个行业不断有后来者进入，在竞争中逐步解决了搜索比价的问题，降低了电话预订的需要，实现了预订线上化；解决了预付款的问题，降低了取消比例；解决了确认自动化、审核自动化的问题，减少了订单流转中的等待和人工干预，也减少了订单被酒店拒绝或者入住后不能自动更新订单状态的情况；解决了退改的线上化操作流程，减少了打电话修改订单的比例。我们通过图2-5可以看到，这个业务模式有了翻天覆地的变化，万订单人工服务率从原来的34 500下降到了1 500。

新的用户体验历程如图2-6所示，用户在新的预订历程中，90%以上的订单可以自助完成，不需要任何中断和交互，整个订

数字化 客服设计

单的处理过程从过去的几小时提速至几分钟。后续的订单修改、到店遇到的问题及积分计算等问题的解决也都不需要过多等待。人工服务率的下降只是一个表面现象,背后的本质是用户体验的提升。

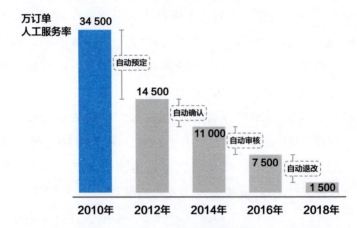

图2-5 服务率变迁图例

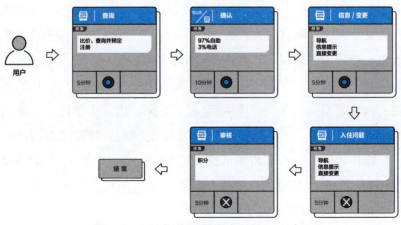

图2-6 OTA行业用户体验历程(2018年)

同时,从这个历程中我们也可以看到,客服中心对企业体验历程的补位作用发生了变化，比如：在2005年，客服中心承担着预订、确认、审核等所有的职能；在2017年，这些职能逐步减少，而客服更聚焦于用户在新的体验历程中遇到的问题上。这些问题如何进一步减少和改善，会在后面的章节进行介绍。

2. 电商行业服务率变迁

以卖书起家的某电商公司，2010年的人工服务率控制在20%左右，这在当时的配送条件下，已经是非常优秀的了；同期的凡客大约是80%，很多更小型的电商公司的服务率则更高。那时候客服接到的主要问题是售前信息咨询、物流查询和催促、无责任退换货、商品质量问题等，由于当时的配送时间在3～7天，而且物流公司的实时信息并不能同步给客服，退换货也不能在线上直接操作。这些服务历程中的中断，造成了用户的疑虑和不满，需要较多的客服来解决这些问题。在过去的十几年中，网上购物的消费者们一起见证了这个流程中每一个环节的重大变化，比如：

❶ 商品信息的呈现日益规范，购买和支付流程线上化，售前咨询的比例大大降低；

❷ 配送速度大大提升，隔日达的比例增大，用户的催单显著减少；

❸ 物流信息逐渐透明化，电商普遍提供了非常翔实的配送状态，减少了用户咨询；

❹ 退换货、退款等功能实现线上化，退换货不再需要人工干预；

❺ 线上支付的可靠性和退款速度大大提升，减少了询问退款是否到账的人工服务。

当下电商行业的万订单人工服务率已经下降到了200左右，平台电商的万订单人工服务率只有个位数。这些服务率的大规模下降，都是通过深度的数字化和线上化改进了原来的中断和未知情况，从而提升了用户的体验感受来实现的。

企业不断找到用户体验历程中的中断点，用新的体验历程取代它，从而不断优化体验。体验的优化会帮助企业更好地获得用户、留住用户。这大幅降低了人工服务率，减少了客服原来从事的一些职能化的工作。

随着数字化程度的深入，很多行业中服务率下降的空间没有原来那么大了。OTA行业的服务率降低到了万分之几百，电商行业可能到万分之几十就停滞不前了。因此，客服需要将推进用户体验作为自己的重要职责，推动公司开始从反向流程的视角降低服务率。

3. 如何看待主动服务/销售/关怀/挽回的价值和作用

降低服务率的目的不是避免互动和服务的产生，也不是消除有价值的互动。我们说的服务率越低越好，是在交易成功的前提下提出的。客服能在短期弥补体验历程的不足，提供能够促成交易的、获得用户的、增加复购的服务，都是有价值的，价值的大小可以用AB测试来衡量。

图2-7是很多年前Expedia公司AB测试的示意图，测试目的是验证当时在线预订的网站是否也需要提供电话预订。他们有一部分网站(B)有预订电话，另一部分(A)没有，通过测量A类和B类网站每100次访问能够产生的收益，用收益的差值再减去建立呼叫中心的成本，然后得到图2-7中的V，即测试收益。如图2-7所示，当时电话预订带来的额外收益远大于投入的成本，可见电

话预订服务是有价值的服务。但如果我们能够通过优化网站的体验,让用户不再需要人工提供预订服务,会给企业带来更大的收益,给更多的用户带来更省力的预订体验。

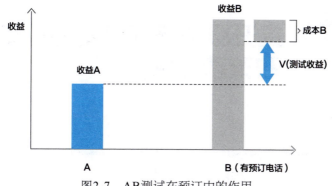

图2-7　AB测试在预订中的作用

前几天,某客服负责人与我讨论,公司让她做流失用户挽回工作,她该不该做呢?我说,当然该做,但是不要带着销售任务去做。为什么这么回答呢,理由如下:

这家公司做的是高频业务,用户的复购周期只有几天。由于信息公开、用户选择权较大,采用人工方式或者红包的方式唤醒用户时,如果没有有效改善用户体验,还有可能失去用户。用户体验的计算公式为

用户体验 = 新体验 − 旧体验 − 替换成本

因此,了解、挖掘用户的流失原因,找到能挽留用户的方式才是关键。也就是说,接触的目的是发现用户体验历程中有哪些断点和痛点,找到更好的解决方法。

互联网时代,用户数量越多,则用户体验创造的价值越大,哪怕一些微小的改进,也会被千万级的用户体验到。人工

触达的用户只是很少一部分，不管是主动服务，还是用户挽回，其真实的目的是找到原因，从而通过改进问题，改善用户体验。

2.2 提升服务率在公司的认知和改善意愿

推动企业从过去的以产品为中心，转型为以用户体验为中心，并且意识到客服的服务量是用户认知与产品设计之间的误差，减少服务率本身会提升用户的体验，这是一场变革。这场变革让业务负责人从围绕用户的交易行为布局，转变为围绕用户体验来配置资源和决定优先级；从关注正向体验历程，到开始关注比例不高的用户声音。

这场变革将为组织的未来带来更多的好处，但是会让各个部门不得不面对一些建设性意见，改变原有的排序原则，思考更周全的解决方案。因此，这不能是客服人和企业CEO一厢情愿的，它是一个组织从自封的以用户为中心，到以真实的用户声音为中心的转变。

这个变革的前提是公司意识到用户服务的质量在影响公司口碑，并从上而下发起这场变革。这是一个组织的第一负责人必须参与的变革。变革形成了以下机制：

① 建立企业一致认可的衡量体验观测指标，并能够追踪波动背后的含义；

第 2 章 体验推进

❷ 业务第一负责人对体验问题负责；
❸ 企业有一定的资源用于改进那些对当前的利益不明确、但是对用户体验有价值的事情。

企业有意愿和决心来做用户体验推动改进的事情，还需要建立一系列的机制，来帮助这些美好的意愿传递并不断强化，例如亚马逊的"按灯"机制。

贝索斯说过，亚马逊"不变"的事物是"用户体验"。但是只有良好的意愿没有用，建立良好的机制才有用。

这个机制的建立者是亚马逊的创始人杰夫·贝佐斯(Jeff Bezos)。当年他坐在一个叫佩吉的客服人员身边听电话，发现有大量的用户因为同样的问题反复投诉，而其根源问题始终没有得到解决，而且一线员工明知这是批量问题却无能为力，只好重复解决个体的投诉而无法根绝后续的投诉。于是，杰夫不顾成本的压力，力主上线了Andon Cord工具，完全授权一线员工，不管这个商品能卖多少钱，只要有问题(符合一定的聚类条件)，就立刻下架停止销售。随后，这个工单就会通过系统发到相关的部门进行原因调查，直到问题的源头得到解决，这个商品才能再次上架。目前，亚马逊已经上线了系统自动下架功能，能够实现更加实时和大范围的基于用户反馈的质量保障。

这个机制看起来很简单，执行起来有它的难度，例如："我当然支持客服做这个啦，不过要是员工随便按，这个月的业绩怎么办？""你们客服还是集中精力搞好用户情绪吧，其他的还是由我们处理吧！""我们有按灯制度，不过我们从来没有发生过需要按灯的情况！""万一员工下架的这个商家，是咱们这个月供给的头部商家，关系怎么搞？""你们不要来找我啊，是客服的制度把你们下架的……"这些抱怨和担忧传达了一个观点,就是拒绝。当然,迄今为止,这个制度仍旧是直接而有效的制度。但是,这也是最难的制度,因为大部分企业对该制度的执行决心不够坚定。

这就需要一些"胡萝卜加大棒"的制度来帮助公司建设"用户第一"的文化。下面举几个小例子。

(1) 高层会议上汇报各业务情况

客服应该在公司最高管理层月会汇报过去一个月公司各个业务的服务率、解决力、用户投诉情况,并评价哪些业务部门做得好,哪些业务部门有待提高。

(2) 以用户为中心的文化宣传

可以定期公开宣传做得好的业务部门和业务案例,比如年度服务率曲线稳步下降的部门,最近一个月取得巨大进展的问题类型,一些用户很满意的、贴心的、暖心的故事;或者通过通告各部门的服务率,使做得不好的部门自我反省。公司内部的所有宣传阵地都可以考虑,比如楼梯间、OA登录页面等。

(3) 公司大奖的设定

客服可以在公司的最高奖项里添加一个类似"以用户为中心奖"的奖项,与"技术突破奖""业务突破奖"等奖项齐名,以此鼓励年度做得最好的业务部门和对口的客服团队。

(4) OKR[①]联动

对于服务率问题比较严重的业务部门,把服务率或一些关键任务列入业务部门的OKR,由客服部门来考核。

---

① OKR(objectives and key results),即目标与关键成果法,是一种目标管理的工具和方法,由英特尔公司创始人安迪·葛洛夫(Andy Grove)发明。

(5) 一线的听音体验

应采取听音机制。听音的团队应该是各个模块有决策权的团队，在听音的同时，对解决力进行打分，并讨论这类场景的处理方式。当然，听音的前提应该是大家一起解决"这类场景的解决力的问题"，如果变成了大家一起解决"这个员工的技巧和话术的问题"，那么听音机制就会变质。

(6) 烂番茄设计奖

这个奖项来源于某些活动给服务率造成的波动。由于活动本身的上线速度和迭代速度很快，一些产品经理会忽略用户体验的细节，所以可以用活动的服务率(服务量／活动带来的销量)来衡量每个月上线的所有活动。给倒数三名颁发烂番茄奖，以警示相关人员关注用户体验。

(7) 形成用户体验官的制度

要真正持续深耕服务率，还需要某个业务的客服负责人与业务的决策团队做定期沟通。客服负责人作为用户体验官参与业务，在了解业务规律和业务目标的同时，可以代表用户做以下几件事情。

❶ 会议开始时分享服务率和解决力的数据、原因和相关项目进展。

❷ 分享典型的用户案例，传递用户声音并引导研讨，形成新的项目。

❸ 汇报近期的新品服务率和用户反馈等。

持续的分享和项目推进，使业务和客服不断加深理解，并从用户的角度出发，促成更多的以体验为中心的项目推进。同时，这个转变不是一蹴而就的，不会一夜之间出现一个"没有瑕疵、没有误差的公司",但是通过意识转变和机制建设,企业在体验推进上的意愿和能力会持续增强。

因此,作为公司的"用户体验官",客服设计者不要只关注于工程的宏大,还要从细节着手,找到突破口,直至形成一种真正的习惯和能力。

2.3 改善体验的典型场景和路径

有了公司高层的决心和以上的制度作为引导,用户体验官就需要行动起来,找到可以快赢的突破口,用小的成绩来推动更大的成就。很多客服管理者并没有做过体验推进的工作,可能会更习惯于确定责任、坐等结果,这样会造成客服和各个部门相互扯皮,事情会变得更糟。所以,在开始的时候,就要找到快赢点。这里重点讲解以下几种场景的解决思路和一些比较容易上手的方案,供大家借鉴。

2.3.1 流程断点线上化

用户体验中断的地方,我们称作断点。例如:线上购物时,下单环节到等待收货环节之间就有一个断点;线上购买电子门票时,电子门票付款环节和收到短信入园码环节之间就有一个断点;线上申请退货时,找快递公司环节和快递员来家中交付货物环节之间也存在一个断点。从经验和数据上都能看出,断点是容易产生体验误差的地方,服务率一般比较高。

用户的整个体验历程就像我们坐地铁去上班那样,哪怕从起点到终点要经历30站,穿越了整个城市,一旦上车了,就不会迷路,不会产生误差。如果中间需要换乘,就会出现问路、坐过站、换错车、出错出口等问题,就会产生误差。

出现断点时,如何降低服务率呢?一个简单的方式就是将断点"线上化",就好像搭一座桥,让断点不再发生,就不会有那么多的服务请求了。

案例:线上门票的入园凭证线上化

图2-8是一个线上门票购买使用的体验历程图,我们在分析服务场景的时候,发现"不能入园问题"的服务率很高。仔细分析入园问题,其中有50%以上的问题是收不到入园凭证。于是,我们梳理从门票预订到入园的整个过程,发现有30%的门票入园凭证发生在商家和用户之间,平台没有信息,这是一个断点。这时候就有可能出现商家忘记发送,用户没有收到信息或者用户忽略信息等情形,但是在系统中却没有任何记录。如图2-8所示,提供凭证环节是服务率的最高点,即用户来电投诉自己没有收到入园码,影响了入园。

这种问题会引起门票的退款率高、用户流失等问题,同时会导致客服的解决能力偏低。这类问题在例会中引起了业务和客服的共同关注,成立了项目组,找到了新的解决方案。这个方案就是使用虚拟号码的短信系统,传递商家的凭证码。

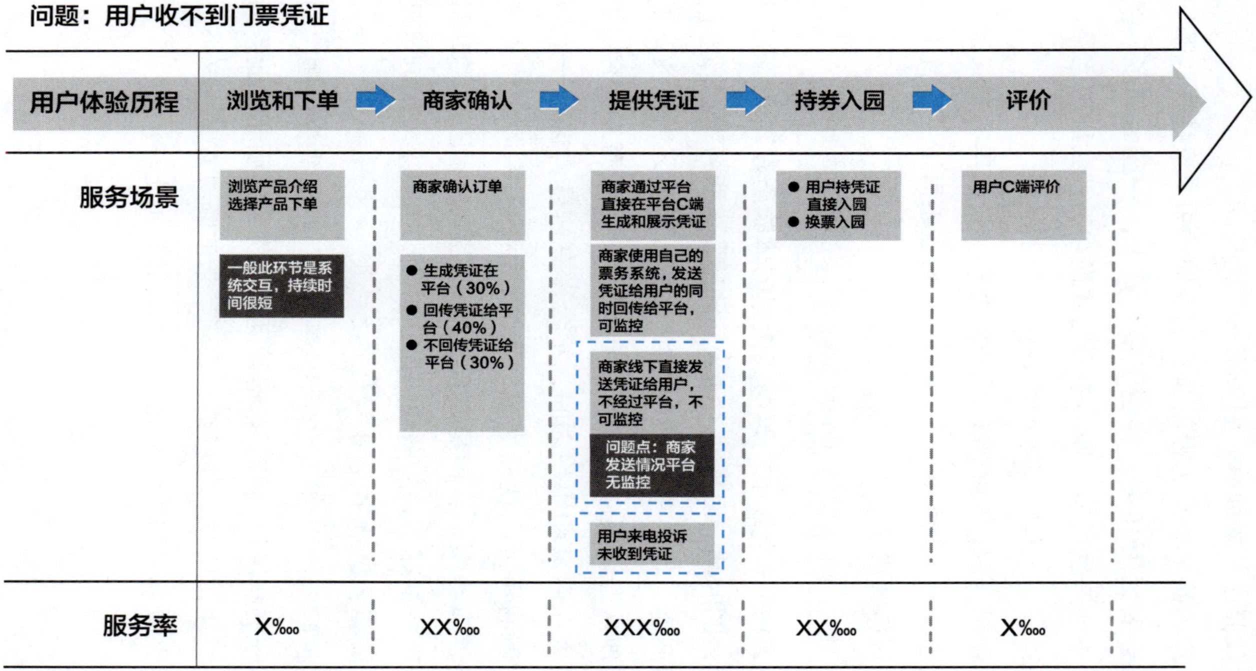

数字化 客服设计

问题：用户收不到门票凭证

用户体验历程	浏览和下单	商家确认	提供凭证	持券入园	评价
服务场景	浏览产品介绍 选择产品下单 / 一般此环节是系统交互，持续时间很短	商家确认订单 / • 生成凭证在平台（30%）• 回传凭证给平台（40%）• 不回传凭证给平台（30%）	商家通过平台直接在平台C端生成和展示凭证 / 商家使用自己的票务系统，发送凭证给用户同时传给平台，可监控 / 商家线下直接发送凭证给用户，不经过平台，不可监控 问题点：商家发送情况平台无监控 / 用户来电投诉未收到凭证	• 用户持凭证直接入园 • 换票入园	用户C端评价
服务率	X‰	XX‰	XXX‰	XX‰	X‰

图2-8 线上门票购买使用体验历程

第 2 章 体验推进

图2-9展示了断点的闭环解决方案,即监控发送情况,即使有漏收的情况,客服也可以帮助用户快速解决问题。

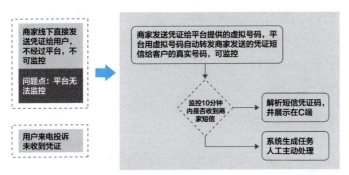

图2-9 断点的闭环解决方案(增加任务)

发现断点后,可提出线上化的闭环解决方案,其涉及业务开发、短信平台开发、客服系统接入信息、培训商家使用管理系统等子任务。整个项目组需要互相协调,统一行动,最终顺利上线。上线的主要功能有以下几个。

❶ 让问题少发生:通过短信平台对接商家的闭环流程,如果预订后10分钟内不发送确认码,系统会自动外呼催促商家,减少问题发生的概率。

❷ 发生后最快解决:通过智能客服对接确认码的信息,用户遇到问题的时候可以直接申请在线重发。

❸ 解决后最满意:即使有双重保障,还是有可能遇到例外情况的,此时就需要人工客服。只要用户到达景区,客服就指导协助用户购票并补偿差价。

通过以上解决方案,门票入园凭证的闭环率从原来的70%左右,提升到90%以上,无法入园的问题服务率降低了50%,用户的退款率也明显下降。

对于流程断点问题，最关键的是找到断点原因，然后把断点连接起来。很多常见的断点并不复杂，例如文本提示不清楚、短信渠道不畅、版本更新造成的断点等。在解决流程断点的时候，可优先思考断点的线上化；同时，要在暂时不能线上化时提供解决方案，给客服赋能，帮助用户快速解决问题。

2.3.2 运营盲点透明化

在用户体验历程中，存在我们看不到或者知道但不能线上化的部分，我们将其称作盲点，例如快递寄出到收到、用户停车到锁车、骑手取餐到送达等。

例如，我们知道用户下单到订单送达的时间是40分钟，但是中间会经历商家接单、商家出餐、骑手接单、骑手到店、骑手取餐、骑手配送、确定已送达等一系列环节。这些环节在用户端被隐形了，在订单超时的时候，用户无法知道骑手到了哪里，在哪里出现了问题，距离自己多远。客服在回答这些问题时，如果没有相关的数据，也无法回复，不知道如何解决问题。

在大家普遍能够理解的场景中，电商的快递环节是最典型的盲点。

案例：电商快递的前世今生

10年前，快递是所有电商企业的客服重头戏，与物流相关的客服量占据了总量的2/3，甚至更多。那时候，电商的服务率经常高达40%，也就是订单的25%是询问与物流相关的问题，如询问发货状态、催快递、询问快递异常、换货催收货等。客服在试图解决这些问题时并没有掌握有效的信息，往往需要联系快递公司的客服，快递公司的客服需要联系地方站点，地方站点再联系下级站点，整个流程是不可控的。由此可以想象，用户将是多么糟心和愤怒，客服又是多么无能为力。这就是运营中的盲点，我们不知道在大约一周的时间里发生了一些什么，所有相关人都很痛苦。

在最近的这十年，快递行业经历了深度的数字化过程。目前，很多大的平台可以利用数据联动多家快递公司，向用户显示快递过程中的每一个节点信息。图2-10展示了物流信息的透明化。

图2-10　物流信息的透明化

2.3.3　行业难点产品化

行业中的难点,往往是平台、商家及用户对用户权益的认知不同导致的。例如,企业认为自己已经在产品描述中明确提出不能退款,但是用户认为自己遇到的实际问题是应该突破这个限制的,是可以退款的。客服在解决问题的过程中,需要在理解企业规则的同时充分考虑用户认知,因为用户体验决定了用户去留,我们促成一次交易的目的是让用户留下来做持续转化,而不是得罪用户失去他。

用一个三角形来演示一下,为什么明明企业觉着自己已经做出很大的让步,而用户还会感到不满。在企业的认知中,用户享受的权益是三角形中间的某个点a,用户、商家和企业的权益划分,如图2-11(Ⅰ)所示;从用户角度来说,其实没有意识到标准点是a,用户感觉自己的权益应该在a',甚至在a'',如图2-11(Ⅱ)中阴影部分表示平台和商家认知与用户认知边界冲突的地方。

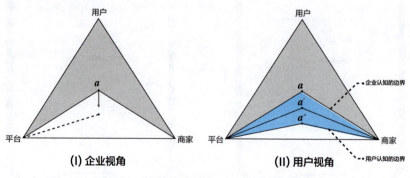

图2-11　不利条件销售时的权益边界冲突

这里还有一个有趣的现象，企业越坚持a的边界，在用户眼里，企业越容易犯错误，用户心理的边界就越宽，这就是我们常说的，客服不仅没"灭火"，反而把问题搞大了。

既然这类事情的发生来源是认知差异，我们在客服工作中有一个原则，叫作"不要与用户的认知争辩"。因此，面对难点，逃避和说服用户都是不可取的，从产品角度寻求多方的解决方案才是正解。

案例：OTA[①]行业的退款难题

OTA行业的个人原因退款，一直是行业里的难点，因为退款涉及业务生态中很多方的利益。设定不能退款的窗口期，就是因为超过这个窗口期就影响了酒店的销售机会。对于代理商来说，这个时间点是其收益确定的时间点；对于用户来说，在大部分情况下是可以接受这个边界的，但是若发生一些特殊的情况，用户就觉得自己不应该承担这么大的损失，比如考场变化、会议改期、家人不能请假，等等。

客服工作每天都会遇到形形色色的问题。案例中我们推荐4个层次的解决方案，如图2-12所示。

❶ **退款条款的梳理和优化：** 通过与酒店和供应商协商，尽量减少苛刻的不可退改的条款，或者在搜索排序中优先推荐退款条件宽松的产品。这个方法可以减少不能退改的比例，从而降低糟糕体验的比例。

---

① OTA(online travel agency)，一般是指在线旅游，是旅游电子商务行业的专业词语，是指旅游消费者通过网络向旅游服务提供商预定旅游产品或服务，并通过网上支付或者线下付费，即各旅游主体可以通过网络进行产品营销或产品销售。

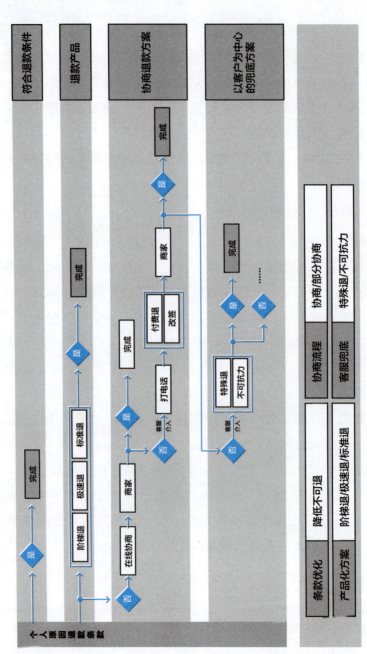

图2-12 OTA行业的退款难题

❷ 产品化方案的提供：在用户预订的时候，优先推荐一些退款产品方案，例如"退改险""极速退""阶梯退""无忧退""提供转售"等，同样优先展示支持灵活方案的商家，方便用户在购买时勾选，从而极大地降低发生退款纠纷的比例。

❸ 线上协商流程的建立与运营：对于已经不能退款的订单，用户可以在订单页面发起协商流程。发起之后，客服系统使用自动外呼把协商申请传递到商家管理系统，商家根据自身情况同意、协商或者拒绝这个申请。用户对处理结果不满意的时候，可以再申请人工干预。

❹ 客服兜底策略：经过了前面的条款梳理、产品化分流和线上协商，仍有一部分用户的需求没有被满足。这时候，人工客服要切实理解到用户的实际情况，在情有可原的情况下，适度给予用户可接受的方案和补偿，让用户感觉到我们在尽力帮助他解决问题。不让用户打通客服热线，用户就会采取拨打12315热线或者发布微博和朋友圈等方式，无论是哪一种情况，都是我们不愿意看到的。

2.3.4 用户痛点的避免

主要的用户痛点场景，例如：订房的到店没有房，订票的到机场无法起飞，买门票的当天进不了门，订餐的超时很久不能配送，打车的接单却不能准时到达，看演出的到时间没收到票，高价买到假货，情人节当天花送不到，等等。以上这些场景一旦发生，用户必然非常焦虑和生气，客服自然难以处理。因此，我们要从痛点的服务发生率入手，尽量减少这类问题的发生。减少这类问题，主要有以下几个着眼点。

1. 供应商管理

梳理所有细节，尽量避免问题发生；可以推动业务部门做巡检、签约等，降低不良率，避免极痛事件的发生。

2. 库存不足触发下架

实时监控不能履约的数量，必要时触发商品下架。这样可以把糟糕的情况控制在一定范围内，不至于无限扩散。比如，当商家某天中午的订单达到平时5倍以上的时候，或者某天商家被用户催单数量已经超过一定数量的时候，就可以触发对这个商品或者商家的短暂下架机制，在保护好用户体验的同时，提醒商家优先服务好已经下单的用户。

3. 预案管理

在重大的节假日之前(例如春节)，在恶劣天气的时候(例如大雪)，在某些特定事件发生的时候(例如新冠肺炎疫情暴发)，我们会遇到之前没有遇到的恶劣情况，例如运力不足、规范需要变更等。在这些情况发生之后，能够把这些解决方案形成预案，最好是能够线上化形成产品，这样就能很好地预防类似的事情再次发生。

2.3.5 商品质量问题

在所有的痛点问题中，商品质量出现问题时，不仅会触发用户投诉退换货，还有可能给用户造成一定的安全隐患。因此，商品质量问题是企业最需要重视和解决的。

如何控制质量,在此不再赘述。这里主要介绍客服如何推动业务部门提高商品质量,降低服务率。客服并不生产商品,甚至不参与从商品选材到配送给商户的任何一个环节,那么客服如何帮助降低质量问题的发生率呢?

1. 量化

这里所说的质量问题一般包括用户质疑、退换、抱怨等。客服应该尽量详细地记录商品的质量问题,并关联到每一单的每一件商品上,甚至关联到某商品内的部件板卡上,这样可方便用户体验官收集和整理每一类商品的质量服务率。

2. 细分

客服可以从业务系统里得到包括采购、质检、仓储、出库、运输等多个环节的商品信息,将入库质检、出库质检和仓储时间等数据作为判责的依据,把质量问题的责任细分到不同的环节。

3. 聚焦

通过以上的数据细分,锁定某一类商品、某一批商品、某一个仓储站点、某一些司机的操作存在的问题,或者存放时间规范、质检标准、配送规范存在的问题。这样聚焦之后更便于找到解决问题和避免问题发生的方法。

4. 按灯和追回

质量问题事关重大,因此不能仅仅依靠事后检查和推进,而是要制定比较明确的按灯制度。按灯就是授权给客服员工根据规则可以暂停某些商品的销售。例如某商品某一批次的质量问题投诉超过几起的时候,要先下架检查,确定没问题后才能重新上架,更严重的甚至要追回已经履约的订单。

在某个案例中,经过聚类和重点筛选,客服与业务部门约定上线一些重点项目,服务率在3个月内下降了70%,用户体验也明显提升。

当我们开始思考一个业务的服务率如何控制和降低的时候,先从用户体验历程发现我们前文中提到的流程断点、运营盲点、行业难点和用户痛点等,可以参考案例中的思路,提出如何提升体验的方案。最初的时候,往往不是要找到非常大的项目,而是要找到与业务发展痛点一致的方向,可以化整为零、立即行动的项目,形成快赢。快赢可以帮助用户体验官和业务部门建立信心,并借助公司的评奖、案例宣传等多重文化手段,进行表彰,促成更多的产品经理和业务负责人关注体验,形成合力。最终实现一种正向循环的工作方式。

2.4 体验推进工具之体验地图

我们前面已经提到,找到快赢场景可以帮助我们在推进体验提升的道路上打开局面,但是经历一段时间的体验推进后会遇到深水区。这时,用户体验官需要更长期有效的方法论,来帮助企业不断发现短板和制订解决方案。此阶段推荐使用基于用户体验历程和服务记录所形成的"体验地图"来发现问题。体验地图的形成,首先要从客服部门非常重要的记录工具——工单分类树谈起。

1. 工单分类树的改造

员工在提供服务后会记录用户的问题和提供解决方案，形成一张工单；为了结构化地分析问题和推进后续改进，我们会按照一个树状结构给工单分类。这个分类方法，就是工单分类树。

工单分类树的出现是为了把客服的信息结构化整理，形成准确标记。一个典型的工单咨询记录包括：结构化分类、问题描述、解决方案、解决方案分类及用户情绪标签等要素。设置分类时要注意以下问题。

- 分类至少要考虑产品归属、体验历程的阶段、问题分类这三个维度；要明确问题描述、解决方案和用户情绪的分类是不同的。
- 利用其自动化识别的属性，能预判用户已经表达过的问题类型，尽量识别并且写到记录中。
- 尽量使用产品体验历程中的阶段命名，最终把咨询记录回溯到产品体验历程中，这也是我们收集用户声音的出发点。
- 尽量对智能门户的客服请求和人工的客服请求进行结构化分类。
- 结构化分类会随着企业发展和产品衍化而调整，因此尽量减少与后续的工作流的耦合，避免因工单分类的调整致使流程进行不下去的情况发生。

我们希望工单分类树不仅能够精确记录问题，还要能够及时变化。在推动工单分类树的过程中，往往会遇到以下三个难题。

① **不唯一**：同一个用户的服务诉求具有一种以上的属性，例如包括退款问题、红包问题，以及某个版本出现 bug(系统漏洞)等。

❷ 多变化：这个结构的分类不是固定不变的，随着业务变化，会出现新的分类方法。考虑的因素越来越多，会造成重叠和冗余越来越多。

❸ 不准确：员工的选择会出现错误，错误率可以在一定程度上加以控制，但是管理代价和员工负担都很大。

应对上述这些情况，有以下的几个建议。

❶ 收集外部的反馈声音。尽量收集用户满意度(费力度、解决力)等用户视角的指标，在收集比例符合统计学原理的前提下，这个数值可以作为用户声音的定向标，与客服的结构化记录存在对应关系。

❷ 客服结构化分类。从客服中心诞生以来就一直采用的工单分类，仍旧是用户声音的核心基石。我们在逐步探寻自动分类、标签分类等多种方式，但基础的分类树还是要尽量设计好和应用好。

❸ 分类的标签化。这可以解决一条问题多个属性的场景，以及突发事件可能要及时标记的问题。同时，可以形成一些以标签为中心驱动的紧急流程。标签的应用，可以很大程度上提升应急和应变能力。某些热点事件发生了，我们想知道与之关联的客诉的数量，就可以采用标签的方式，员工通过点选标签，可以随时统计数量和用户声音，方便企业做出回应。

2. 从服务率出发的体验地图

我们进行了工单结构化记录和整理，就可以开始绘制从客服视角上的体验地图了。图2-13是一幅典型的用户体验历程图，我们把体验历程中遇到的客服问题的人工服务率、不满意度和主要痛点这些信息,增加到体验历程图中,形成了我们所说的"体验地图",如图2-14所示。这是从逆向(客服)的视角,对用户与产品之间的认知偏差所做的归类和分析。用户体验官试图从这个视角上找到问题所在及探索解决方案。

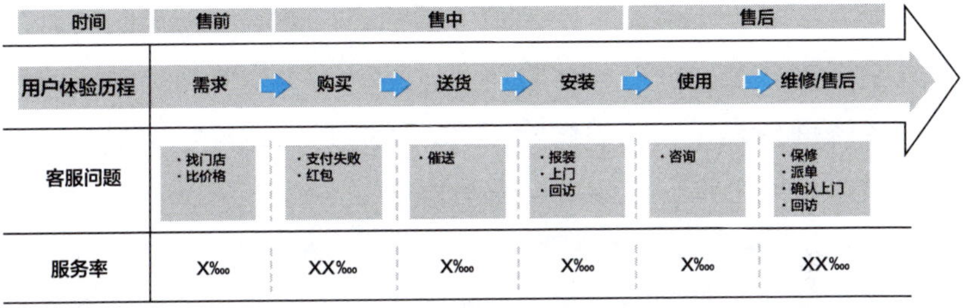

图2-13 体验历程

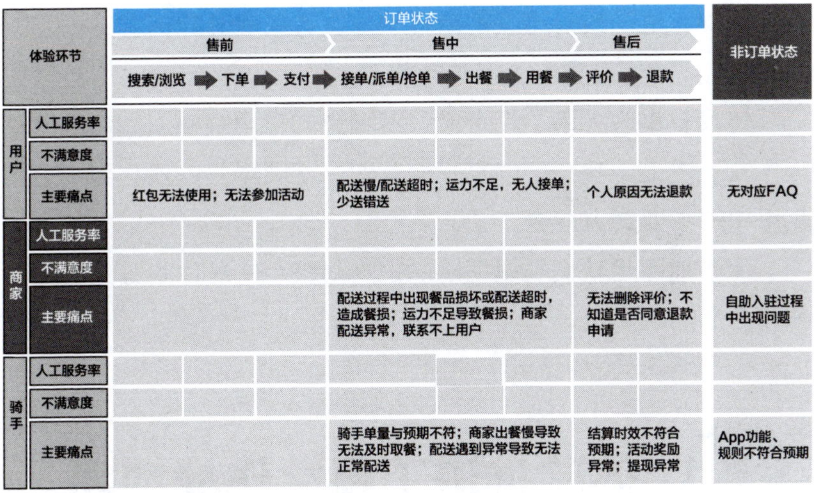

图2-14 "体验地图"

从结构化声音的收集,到体验地图的形成,要经过以下几步。
(1) 利用工单分类树聚类和划分场景

什么是场景?前面提到的结构化数据和标签是我们分析问

题、思考方案的最小颗粒。而场景,就是这样一个或者多个颗粒的集合。场景是用户在一个特定的环节中遇到的所有问题分类。例如,红包问题、配送异常问题、退款问题等,都可以视为一个场景。

以配送异常的场景为例,在用户体验环节,可以包括超时催餐、无人接单、出餐慢、要求骑手提前点送达等与配送时间有关的几个咨询分类;在商家体验环节,就是骑手未到店、申请出餐补贴等咨询分类;在骑手体验环节,可能是位置异常申报、联系不上用户、地址错误申报等咨询分类。

(2) 把场景和子场景映射到用户体验历程上

我们在设计工单分类树的时候,以体验历程中的环节命名工单,因此聚类到场景之后,就可以把所有的工单映射到用户体验历程图中。这种映射可以帮助我们与业务形成共同语言。

(3) 按场景收集体验相关的数据

建议收集服务率、满意度、不满意度和用户痛点问题,这样从体验地图上,我们可以直观地看到,不同场景的量化用户之声和用户的主要痛点问题。

体验地图是我们尝试把用户之声与整个产品体验链条产生关系和沟通的起始点。

2.5 体验推进工具之作战地图

绘制了体验地图后,推荐使用作战地图的方式,分业务梳理和聚焦要做的项目,结构化地推动体验优化,具体的做法如下。

第❷章 体验推进

❶ **以用户体验场景为单位归纳问题**：以用户体验场景为单位，把用户问题归纳为若干场景，形成场景清单。

❷ **按照服务率和解决力形成散点图(见图2-15)**：可以选用服务率和解决力指标进行排序，解决力可以参考重复来电等多个指标，要特别梳理有风险的极端案例。

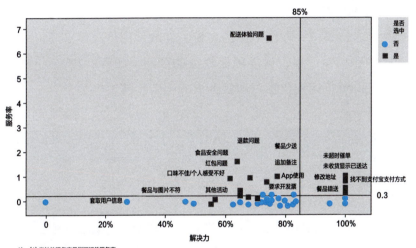

图2-15 服务率与解决力的散点图

❸ **从清单和散点图中挖掘要解决的问题**：对各类场景进行聚类分析，从而发现问题，制订相关的解决方案。

❹ **看到跨业务的共性问题**：对于不同业务的同样场景，可以统一统计比率和不满意度，找到平台级的项目，如误转问题、退款问题、资质问题、发票问题、BD(business development，商务拓展)等，它们可能会出现在公司里的所有业务中，对于这些共性问题就可以统一思考解决方案。

❺ **使用三段论来制订解决方案**：

- "让问题少发生",即梳理正向流程,找到断点、痛点、盲点、难点。
- "发生后最快解决",即实现从客服入口、主动预警、智能解决到人工路径的最优化,以最快的速度解决用户问题。
- "解决后最满意",即从权限、路径和话术上思考最满意的方案。

图2-15是一个作战地图的实例。作战地图可以展示项目的筛选原则和决策结果,体现项目收益的预期,如表2-2所示,这些都是我们进行结构化管理体验推进的重要步骤。

表2-2 作战地图项目收益图

关键指标	场景数	选择逻辑	项目数	预期贡献	目标值	现状	差距	目标实现度
服务率	12	覆盖78%的服务率	2					36%
解决力	8	在解决力低的8个场景中进行选择	1					18%
极端案例	1	舆情案例	1					50%

结构化管理的好处很多:第一是有清晰的优先级判断原则;第二是引发我们不断思考;第三是通过将十几个小项目聚焦在某一个场景上,容易看到管理成效;第四是有助于进行项目管理和追踪相关信息。

2.6 体验推进工具之项目地图

各种用户体验官的制度让公司有了对体验和服务率进行改进

第 2 章 体验推进

的意愿，体验地图让我们看到现状，作战地图让我们明确全年的工作重点。

在年度预算规划的时期，用户体验官与业务第一负责人及其核心团队成员进行认知交换，汇报过去一年的得失，呈现今年和去年体验地图的差异；使团队理解业务重点。在此基础上，提出对今年项目的建议和预期，并达成共识。除了每年一次的年度汇报，所有会触及关键管理思路和多部门联动的重大项目，都要有这样的共识场合。因为没有一把手的决心和背书，在触及短期收益的时候就有可能会被迫停滞。

用户体验官在日常还可以用听音制度与业务一起对用户体验的现状达成共识。听音制度是指业务的核心负责人定期到现场或者使用远程界面，花费一个小时的时间倾听员工与顾客是如何沟通的，并且对解决力进行打分，然后对产生问题的根源进行探讨。因为听音是在现场而不是经过挑选的案例，我们就更容易看到问题发生的"概率"大小，同时真实地体会到"痛点"。定期的听音会议上，也会形成一些待办事项，进入到我们的项目清单中。

在选择项目的时候，可以在一些业务进行重大变化的时刻"搭便车"。例如，在业务做商家平台的时候，顺便把商户的智能服务入口嵌入；在业务做仓库梳理的时候，顺便把与仓库相关的服务率及建议的关键点提出来，这些都会加快项目上线。

无论采用哪种方式，在立项前后都需要思考项目收益，计算收益的时候，要考虑以下几个因素。

❶ 服务体验的影响面，即服务率反映的瑕疵数据指标的变化。例如，配送超时的服务率变化，影响的是所有配送

超时订单的体验，影响的是超时取消率及这些用户的流失。这样，我们就可以以点带面地看到服务率的影响，而不是只关心来电的用户。

❷ 中期的NPS调研中对客服体验的评价变化。

❸ 服务率下降带来的成本减少。

如图2-16所示，我们可以计算出与2018年相比，2019年服务率有8.3的下降，其中各种体验推进项目带来的收益有22.9的下降。

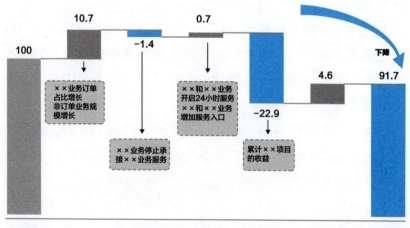

图2-16 服务率项目的收益衡量

通过体验地图和作战地图，我们筛选了要解决的问题、做了收益计算、建立了团队，接下来就要开始共创方案和分解项目，形成完整的项目清单。为了持续管理这些项目，建议使用项目地图，如图2-17所示。项目统一线上化管理，项目地图更清晰，进度可视化，收益可追踪。

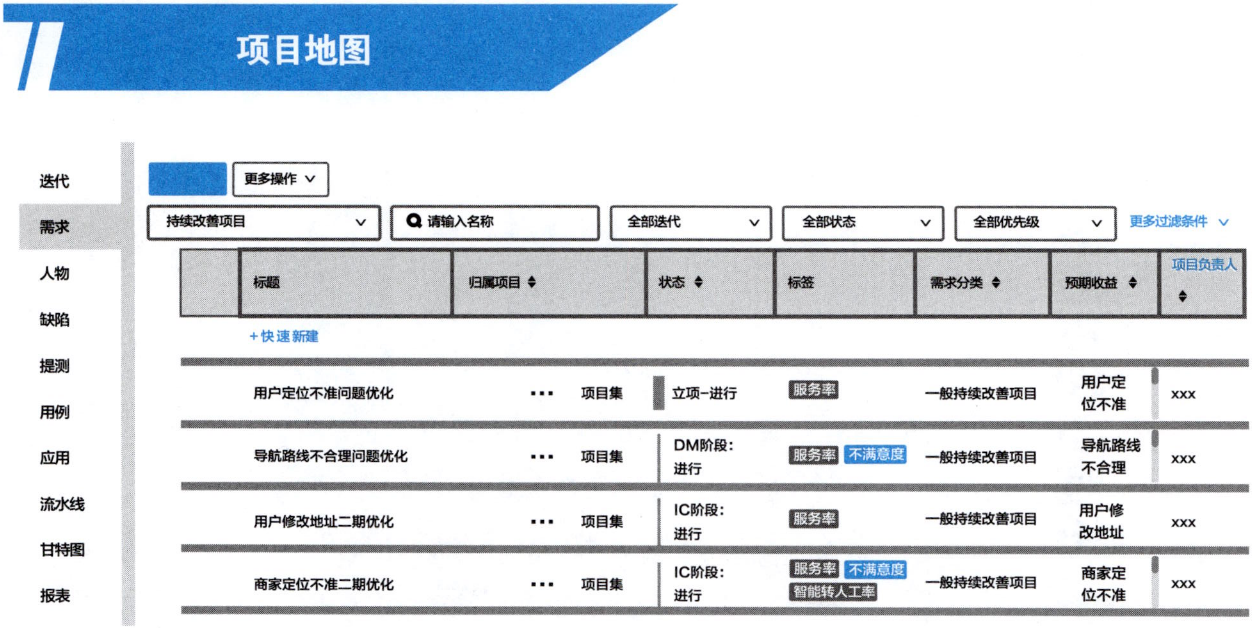

第 2 章 体验推进

标题	归属项目	状态	标签	需求分类	预期收益	项目负责人
用户定位不准问题优化	... 项目集	立项-进行	服务率	一般持续改善项目	用户定位不准	xxx
导航路线不合理问题优化	... 项目集	DM阶段:进行	服务率 不满意度	一般持续改善项目	导航路线不合理	xxx
用户修改地址二期优化	... 项目集	IC阶段:进行	服务率	一般持续改善项目	用户修改地址	xxx
商家定位不准二期优化	... 项目集	IC阶段:进行	服务率 不满意度 智能转人工率	一般持续改善项目	商家定位不准	xxx

项目地图

持续改善项目　更多操作 ∨

全部迭代 ∨　全部状态 ∨　全部优先级 ∨　更多过滤条件 ∨

+ 快速新建

侧边栏：进代　需求　人物　缺陷　提测　用例　应用　流水线　甘特图　报表

图2-17　项目地图

2.7 不同业务发展阶段的体验推进

用户体验对于不同业务阶段的价值不同,做法也不同。我们把业务发展分为初创业务(1年以内)、发展中业务(1~3年)和成熟业务(3年以上)三个阶段。在不同业务阶段,对用户体验的策略点也不同,需要更加精细化运营,加强与业务的配合,如图2-18所示。

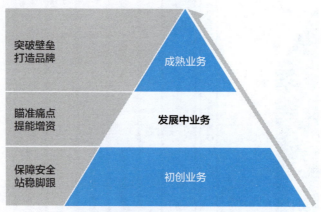

图2-18 针对不同业务阶段的用户体验提升策略

❶ **初创业务**:需要满足业务生存的需求。这一阶段,业务的产品和供应链体系还处于建设中,需要解决基本的服务问题,以及防范重大的安全问题。同时,为确保业务发展,还要着力解决最影响用户体验的痛点问题。

❷ **发展中业务**：需要满足业务发展的需求。这一阶段，业务有了基本的服务框架，需要解决影响用户体验的高频痛点问题，降低高频问题服务率，向行业的服务水平看齐。

❸ **成熟业务**：需要满足业务竞争力的需求。业务规模发展到一定阶段，整个行业的规则会影响用户体验的继续提升。需要解决业务与服务共同关注的行业痛点问题，突破行业天花板，体现服务增值效应。树立服务口碑和行业标杆。

综上所述，客服体验官在对企业的产品体验推进时，要把握好立场和价值，我们的目的不是替代产品经理做产品设计，而是使误差展示出来，推进企业不断地减少这个误差；同时，要体现担当感，有足够的能力处理误差。以下是做好体验推进的几个步骤。

- 建立以用户为中心的企业文化。
- 通过断点、盲点、难点、痛点找到突破口，快速建立信心。
- 以产品体验地图为蓝图，以用户场景为单位，收集用户声音。
- 绘制作战地图，量化排序，找到重点项目。
- 通过项目管理帮助企业衡量收益。

以用户为中心，长期保持耐心，这个耐心包括业务对客服的耐心，也包括客服对业务的耐心。客服工作的复杂在于它本身是业务职能的一部分，它又必须跳出当下的业务看到体验的瑕疵，站在用户的立场上推进问题的解决；业务工作的难处在于它首先要让整个业务"活着",打造产品的不可替代性才能做好持续改善。因此,双方都要有足够的耐心,互相沟通,协同前进。

体验推进是一个持续改善的过程,随着体验的改进,服务率的下降,服务量增长速度会逐渐低于业务增长速度。服务设计师就可以减少在人员招聘和流失上投入的精力,从而更专注于解决问题能力的提升。

第 3 章
服务历程设计

3.1 服务历程——用户问题的解决过程
3.2 服务历程的解决力和费力度
3.3 服务历程的几个基本设计原则
3.4 解决力和费力度的几种收集方式

数字化客服体系的主要任务是：推动企业减少误差的产生，提升用户的使用体验；快速解决用户的问题，提升用户的服务体验。本章聚焦如何快速有效地解决用户问题。随着用户和企业对客服要求的提高，解决问题已经不仅仅是通过单点或者单渠道来解决，而是要在整个服务历程上都达到体验最优。因此，服务设计师需要通过服务历程的设计来提升用户的服务体验。

3.1 服务历程——用户问题的解决过程

在用户体验历程上，通常是以产品为中心设计的。在交付和使用过程中，会存在一些线下环节，客服是这些环节的连接中枢。例如，用户在浏览某产品网站产生购买兴趣的时候，如何找到线下专卖店呢？在购买空调送货上门之后，怎么向厂家申请安装调试呢？在电脑死机的时候，如何解决问题呢？通常在这个时候，厂家会有一个客服的联系电话，要求用户用特定的方式联系客服。最初，企业只提供给用户电话联系方式，客服的入口相对单一。后来，我们在服务中增加了在线聊天、微信公众号等多渠道的联络方式，客服的形式也从呼叫中心转型为多媒体联络中心，这些没有改变平台化运作的本质，仍旧是被动等待用户联系他们。后来，出现了智能聊天机器人等，但是大部分由开发应用程序的产品经理负责，不在客服部门管理范围内，客服部门是被动承接人工申请的部门。这种基于人员密

第 3 章 服务历程设计

集型管理而搭建起来的客服中心在新时代面临挑战,这些挑战包括业务量不可预估、与智能客服不能联动,以及用户的服务体验割裂等问题。

如图3-1所示,在用户体验历程中,用户经历了售前、购买、送货、安装、使用、维修、售后等各个环节;在此过程中用户产生的好奇、疑虑、不满等形成了图中的"客服需求"。客服需求并不是产生在售后环节,而是在所有的场景中都有可能。这些需要客服经历入口选择、门户、智能、路由、人工、升级、风控等各个环节,最终帮助用户尽快回到服务历程的正常轨道上。从用户问题的产生到问题得以解决的过程,我们称之为服务历程。

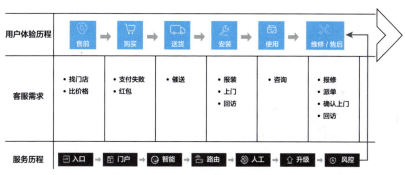

图3-1 服务历程

详细的服务历程如图3-2所示。服务历程的入口是企业提供给用户易得的服务门户,进入门户的部分场景可以通过智能客服解决;其中特定的场景和无法解决的复杂问题就会经过路由溢出到人工环节,一线解决不了的问题会有升级小组,还可能会进入风控团队解决,最终目的是回到服务历程的正常轨道上。

数字化 **客服设计**

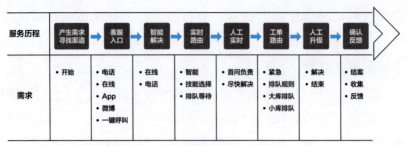

图3-2 详细的服务历程(样例)

从图3-2可以看到,服务历程大致分为客服入口、智能解决、实时路由、人工实时、工单路由、人工升级、确认反馈等环节。它们各自的作用具体如下。

❶ 客服入口:泛指所有用户可能找到客服的地方,包括所有可能的预留电话号码、在线聊天窗口、应用程序中的客服入口、小程序中的客服栏、冰箱上的一键呼叫、包装上面的二维码等各种渠道的入口,还包括主动监控到需要直接介入的弹屏提示或者电话外呼。

❷ 智能解决:这是第一个问题解决环节,要关注这个环节对服务请求的解决比例和满意度结果。根据用户选择的入口不同,可能会有在线智能门户(文本交流为主)和电话智能门户(语音交流为主)。在设计中,我们要注意,某些场景是不用经过智能解决环节的,可以直接进入人工渠道。

知识拓展

人工渠道根据交互方式和响应时间的不同,可以分为实时业务和迟滞业务。以下的概念引自COPC顾客体验标准:

> 人工实时业务，是指与顾客实时交流，而且顾客自始至终都在队列中排队的业务，顾客决定何时联系客服中心，客服中心要响应这一要求；在顾客放弃前，客服中心响应业务的时间有限；不会有积压，因为如果电话没有在合理的时间内被接起的话，顾客就会放弃等待。
>
> 内部升级业务和智能门户中的工单提交，即为迟滞业务。迟滞业务具有以下特征：顾客没有积极地在队列中等待；客服中心决定何时来处理业务；迟滞业务的周期时间通常用小时或日来计算；等待处理的业务被称为积压。

所有的用户服务请求被智能解决之后，就会经过以下环节。

❸ 实时路由：这个环节把直接拨打或者经历过智能服务的用户按照用户需求分流到不同队列，并且按照先进先出的原则排队。这个环节的过程指标是路由准确性和平均按键时长。

❹ 人工—实时处理：通过电话、在线和视频等多种渠道，可以实时解决用户问题。这是人工解决的第一道防线，尽量完成首问负责，由于一线权限和处理时间过长等原因，某些解决不了的问题会升级进入到人工迟滞环节，或者称为"人工—升级处理"。

❺ 工单路由：由智能门户提交的迟滞业务，以及经过实时队列升级的业务会形成工单。工单先要按照紧急程度和先进先出的原则排队，排队后分配给具体的客服专家来处理。

❻ 人工—升级处理：处理升级问题的团队称为客服的专家

数字化 客服设计

团队，他们解决通过工单方式提交的服务请求，最终要跟用户达成共识，解决用户的问题，结束服务历程。升级问题可能会经历再次甚至多次升级，我们统一称为升级队列。

❼ **确认反馈**：在处理完成后与用户确认结案并收集反馈。

其中，第❶❸❺环节是路由环节，第❷❹❻环节是解决环节，第❼环节是确认和反馈收集环节。

之前，服务历程的7个环节是在不同部门分别管理的，涉及的部门包括：智能客服的研发和运营团队，自助语音导航的开发设计团队，电话客服、在线客服的团队，二线团队，以及风控团队。这些团队各自处理进入自己环节的服务，如果不进行横向的信息梳理和整合，用户将会有以下很糟糕的体验：

- 由于进入到不同的环节，每个环节的开始都是"有什么可以帮您？"用户需要反复复述问题。
- 在智能客服中一直循环，没有出口；好不容易进入在线人工客服，发现还要与智能机器人聊天；在智能客服中已经明确说了问题，转接到人工的时候还要重新经过语音机器人，按1、按2……按很多层才能进入。
- 在不同的环节得到不同的解决方案。例如，人工客服说不能操作退款了，智能客服的某个功能却可以操作退款，但是申请退款后又被人工客服拒绝。
- 一线员工给出退款解决方案，等待二线员工给用户操作退款，却迟迟不能到账。用户反复拨打客服电话，一线员工没有操作权限，二线员工又联系不上，服务历程中断。

- 用户要解决着急的问题，刚给接电话的客服说清楚，就被转接给了更高级的客服，还被要求长久等待。

用户遇到以上问题，就是因为服务设计师没有设计好客服的所有触点和环节之间的关系，导致服务历程中存在死循环和中断点。由于每个单环节都要追求接起速度和处理效率，就造成每个环节一味追求指标，而不能以用户为中心、一环扣一环循序渐进地解决问题。

服务历程的管理，目的就是结束这种单环节的运营水平越来越高，但各个环节相互割裂、用户体验不能相应提升的现象。我们应暂时放下某一个人工队列的KPI，而要从关注服务历程的解决力和费力度开始。

 ## 服务历程的解决力和费力度

3.2.1 解决力

使用客服解决力这一指标来衡量用户问题在整个服务历程中的解决程度，可以更客观地体现客服的解决能力。解决力是通过多种视角、采用同一标准对问题的解决结果进行评价的。解决力分层如图3-3所示。

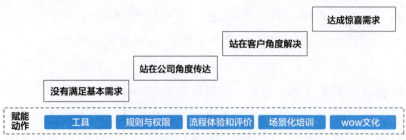

图3-3　解决力分层

解决力的4档评分标准如下。

- **惊喜**：解决方案快速有效，在用户有特殊需求的情况下，照顾到用户实际情况，给出超出预期的解决方案。(4分)
- **解决**：给用户安全感，有担当，有效问答并厘清问题，直击问题且给出最佳解决方案，为用户避免可预见的麻烦。(3分)
- **传声筒**：指基于情绪和流程话术规定机械传达，而不是凭借事实和逻辑直击问题，提供建议。(2分)
- **敷衍**：没有厘清用户需求或满足用户合理需求，没有同理心和对用户进行安抚，不兑现承诺，以及不保障用户信息资金安全。(1分)

刚刚引进解决力指标的时候，我们建议先从客服的管理层校准，逐步制定新的质检标准，再通过用户打分和业务打分的方式来校准和检验方案的有效性，最终得到可执行的质检标准。举个简单的例子，某客服团队负责7个业务，使用新的质检标准后，对解决结果的评价为解决和惊喜的比例在25%左右，绝大部分是传声筒和敷衍的答案，如图3-4所示。

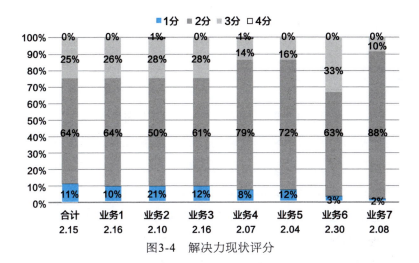

图3-4 解决力现状评分

这并不是某个企业的个案,而是在目前的客服行业里的现状,客服中心虽然已经存在了20年,但是,在遇到问题的时候还是使用"我给您记录下来反馈""我们会后续核查一下这个问题""您这个问题我们转给×××单位办了,请您等待他们的反馈""我的权限就是赔付您50元的代金券,没有办法帮您退款"等类似的答复。

- **传声筒的现状**:客服只是进行简单的复述话术和走一下流程,不能根据用户的情况并且站在解决问题的角度帮助用户。这必然会造成客服的成本投入与创造的价值不成比例,用户仍旧对企业不满。
- **敏感案例的风险**:如果客服不能处理好一些极端敏感案例,或对此类案例不敏感,很可能会给企业带来舆论危机。

每一个环节都是传声筒的客服体系,会造成用户的反复联络和跨渠道解决问题,解决力不够,会造成用户的费力度直线上升;反之,了解了影响用户费力度的根本原因,有利于掌握服务历程设计的关键原则。

3.2.2 费力度

费力度，是指反映用户为了解决问题所需付出努力的程度，即用户从产生客服诉求，到该问题被满意解决的过程中，体验到的费力程度。具体的衡量方法可以是问卷调研，也可以尝试探索一种将费力度量化的计算方案。这种在服务历程中，能够实时计算到的费力程度，可以方便员工和管理者在每次服务的时候，更敏锐地觉察到用户的问题，并且能找到快速解决的方案。

通过量化分析用户满意度评价与服务历程各项参数之间的关系，我们发现，服务请求的费力度与以下几个参数关联性最高：A 表示用户的联络次数，$B1$ 表示每次联络的等待时长，$B2$ 表示用户与机器或者人工客服的交流时间，$B3$ 表示是否解决问题，C 表示逆向流程发生的次数。其中，$B3$ 是以解决力达到3分作为标准判定是否解决的，低于3分的解决力视为未能解决。

费力度计算公式为

$$费力度 = f(A，B1，B2，B3，C)$$

但是，不同企业的用户群对这4个参数的敏感度是不同的，可以通过海量的费力度调查与这几个参数的相关性分析得到适用于本企业的参数。而我们要设计的服务历程体系，不是单个服务的费力度最低，而是所有的服务请求的综合费力度最低。以下通过一个简单的例子，帮助大家更直观地理解这个概念。

案例假设具体如下。

❶ 假设解决力的标准是3分为解决，低于3分为未解决。同

时,一线的处理费力度、成本都是单位1;假设用户在每个环节中没有重复。

❷ 假设智能解决、人工实时解决、人工升级解决三个解决问题的环节有两个重要参数,即处理比例和解决能力。处理比例是指有百分之多少的服务案例会经过这个环节;解决能力是指进入这个环节的问题有多大比例被解决了。渠道会被复用,因此加总后的处理比例会大于100%。

❸ 假设在问题被解决的时候,三个环节给用户的费力度分别为

智能解决:人工实时解决:人工升级解决 = 0.2 : 1 : 3

❹ 假设在问题没有被解决的时候,三个环节的用户费力度感受将被扩大为下一个环节的感受,即

智能解决:人工实时解决:人工升级解决 = 1 : 3 : 3

❺ 其余假设如表3-1所示。

表3-1 费力度模拟计算

服务历程测算	智能解决	人工实时解决	人工升级解决	总计
解决力标准	3	3	3	
平均时长(分钟)	0.5	15	240	
解决率	75%	90%	100%	
处理率	100%	25%	3%	
单件成本	0.01	1.00	5.00	
解决的费力度	0.2	1	3	
未解决的费力度	1	3	3	
费力度计算	0.40	0.30	0.08	0.78
耗时计算(分钟)	0.50	3.75	6.00	10.25
单件成本计算	0.01	0.25	0.125	0.39

如表3-1所示，通过这些参数，我们可以模拟计算整体的费力度。

$$环节的费力度 = 解决率 \times 解决的费力度 + 未解决率 \times 未解决的费力度$$

整体费力度为各个环节处理比例乘以环节费力度之和。

根据上面的公式和表中的假设，我们能计算出这个假设下整体的费力度是0.77，用户的平均解决时长是10.25分钟，综合成本是0.39。由此可见，费力度为1相当于完全采用一线人工来处理所有问题，费力度为0.77说明智能客服环节对费力度下降有帮助；成本为1相当于完全采用一线人工来处理所有问题，成本为0.39意味着智能客服对成本节约有好处。

下面，我们尝试通过调整参数来观察费力度结果和客服成本的影响。其余假设与表3-1相同，我们改变智能解决能力和处理比例这两个参数，得到如下的结果(见表3-2)。

表 3-2 不同智能解决率对费力度的贡献

序号	智能处理率	智能解决率	费力度	耗时(分钟)	单件成本
1	100%	50%	1.35	20.0	0.76
2	100%	75%	0.77	10.3	0.39
3	75%	100%	0.57	10.1	0.38
4	100%	85%	0.54	6.4	0.24

如果智能客服的处理率是100%，但是解决率只有50%，那么智能客服让用户的费力度更高了，解决问题的耗时更长，但仍旧节约了24%的成本。此时，智能客服是一个使用户体验变差，但是节约了部分成本的工具。思考一下，这是不是很多客服机器人的现状？

当智能客服的处理率是100%，解决率达到75%的时候，平均费力度和成本都低于1,智能客服是一个在用户的综合体验及成本上都有贡献的环节。

如果我们能提前知道某些场景不能被智能解决,而让这类问题直接进入人工呢?在最好的情况下,智能处理率为75%,智能解决率达到100%时,我们看到费力度和成本进一步下降了。

在同样的智能客服处理率是100%的时候,如果智能解决率是85%,也可以有效降低用户的费力度和企业的单件成本。

我们从测算中可以看到,智能客服环节的解决率要达到70%左右,才会对整体的用户费力度有正向影响;提升智能客服的解决能力或者避免不能解决的场景进入智能客服,都有助于提升用户体验,降低费力度。

根据上面的公式,我们假设智能解决率是75%、处理率是100%的情况下(见表3-3),人工一线的解决率从50%到95%所带来的费力度也不同。目前,很多企业的现状是:一线客服仅"记录问题",用户问题需要被传递到后续环节去解决,这是违背用户体验初衷的。

表3-3 不同人工解决能力对费力度的影响

序号	人工处理率	一线解决率	费力度	耗时(分钟)	单件成本
1	25%	50%	1.27	34.3	0.89
2	25%	75%	0.96	19.3	0.57
3	25%	90%	0.77	10.3	0.39
4	25%	95%	0.71	7.3	0.32

我们进行服务历程设计的目的,是让100%的服务诉求,在这三个解决环节的历程上的总体费力度最低。这些假设可能在各个企业中稍有不同,但是数据已经足够让服务设计师意识到以下

几个设计原则的重要性了。

服务历程的几个基本设计原则

设计服务历程的目的是让用户在服务历程中的解决率更高，费力度更低。因此，服务历程的设计应遵循以下几个基本原则。

1. 丰富的入口和一致的流程

为了更好地保障用户的使用体验，客服要在尽量多的场景中设置入口，在用户遇到问题时，可以随时解决问题。同时，要尽量保持客服页面的设计和运营规律相一致。例如，用户通过包装箱扫码报装和通过应用程序报装，应该进入同样的页面完成申请；又如，无论是从应用程序中的哪一个页面或者按钮进入客服，得到的服务都应该是一致的；再如，我们给不同的产品提供了不同的热线号码，同时在企业热线中应该提供所有产品的相关服务，不应该出现让用户重新拨打的情况。

2. 让用户体验到每次转交的解决能力有所提升

从图3-2的服务历程我们可以看出，这些解决环节的解决能力是逐级提升的，在体验中可以跳过某些环节，但是不能倒过来寻求解决。

路由要从解决能力弱的环节流转到解决能力强的环节，可以跳过某个环节，不能倒置。例如，语音智能门户的解决力比在线智能门户要低很多，经历过应用程序上的智能解决的用户，就不应该再被流转到IVR智能解决中,而应该尽快进入人工—实时处理环节,否则会增加用户对智能门户的不满。

同理,一个已经被升级到专家组处理的用户,再次联络的时候,无论他从哪个路径来,都应该更快速地帮他找到处理人,而不是在智能门户和人工一线队列不断循环。

还有,在没有任何承诺的时候,就把一个问题简单传递给公司其他岗位和部门处理,让用户耐心等待,也是不合理的路由方式,容易造成死循环。因为其他部门并不是专门处理用户诉求的,这样做,虽然该部门可能有更大的权限,却不会有更好的解决力。应该由客服监控整个服务历程,且负责到底,其他部门负责按照承诺时间给予充足的解释。

3. 单环节解决能力越高越好

从智能解决、人工实时和人工专家解决问题的平均时间就可以感受到,虽然解决能力越来越高,但是平均解决时间和费力度是逐级增加的。而且通过上节的计算我们可以推出,智能环节的解决率低于60%,人工环节的解决率低于80%的时候,都会提高整体的费力度,也就是智能客服的解决率低于60%的时候,智能客服就会降低用户体验,仅仅节约了成本,这相当于设置了一个简单的传声筒环节,用户体验只会更糟。

解决率的提升,不能靠让用户找不到后面的渠道来强行挽留,而要靠管理者从权限赋予、流程变革、信息系统对接、员工成熟程度增强等各个维度来突破。

4. 人工入口、绿色通道和快速转接

每个环节的平均解决率和费力度,并不能表达极值。在某个特殊场景或者一个环节交互次数太多、失败循环太多的时候,会

数字化 客服设计

极大地激怒用户,让用户体验到的费力度猛增。例如,在智能环节交互5次,用户体验到的不是0.2×5的费力度,而是比之更高的费力度。另外,如果用户想做的是安全报警,我们让她经历20秒的智能客服环节也是很糟糕的。因此,设计每一个环节的时候都要考虑人工入口、绿色通道和快速转接。

① 人工入口:人工客服的入口要保留在智能客服的首层或者IVR菜单的每一层,切记不要把聊天机器人和在线客服混为一谈。

② 绿色通道:对于已经联系过智能客服的用户、有未完结工单的用户、多次来电的用户等,应开设绿色通道,让他可以直接进入相应的技能组。

③ 快速转接:发现某种场景后,直接让用户进入下一个环节,如:

- 那种看起来就解决不了的(高危、高痛)问题应快速转接;
- 在同一环节徘徊、停滞不前的用户,快速转接到下一个环节;
- 用户直接提出明确的转接人工的需求或者升级专家的需求,应快速转接。

以上环节之间的流转,要充分保障信息共享,让用户体验真正在服务历程中无障碍地轮转起来,可降低整体的费力度。例如,在工单流转之前要做好工单记录,防止专家组再问一遍同样的问题。在流转中有所交代,可以减少在服务历程中出现断点。

通过以下几个场景,可以直观地了解不同的客服设计和方案的解决力对用户费力度的影响。

场景一：某电商退款

用户购买某商品之后，希望申请退款，智能客服有操作权限，费力度为0.2。用户在智能门户中通过三次单击，在一次交互中解决问题，形成最低费力度的场景设计，如图3-5所示。

场景二：某保险退款

用户误操作购买某保险之后，希望退订，智能客服没有操作权限，设法阻止退款，若阻拦失败，将转接人工，费力度为2.2，如图3-6所示。

图3-5　电商退款

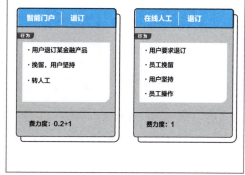

图3-6　保险退款

场景三：演出票退票

用户购买演出票后，希望申请退票，智能客服、人工客服都没有操作权限，不断协商，费力度为21.2，如图3-7所示。

数字化 客服设计

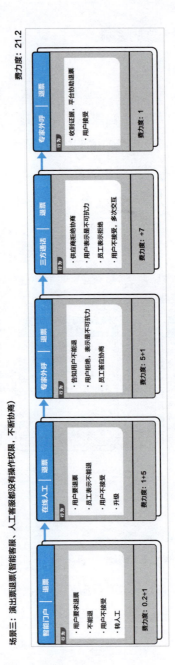

图3-7 演出票退票

场景四：住宿业务个人原因退款

这是规则外的退款智能，客服没有直接操作退款的权限，但是在智能客服中设置了协商流程，可通过协商和外呼用户的步骤，解决用户的问题，费力度为1.2，如图3-8所示。

场景四：住宿业务个人原因退款(智能客服、人工客服都没有操作权限，智能客服有协商流程)

图3-8　住宿业务个人原因退款

场景五：火车票退款

由于是实体票，所以智能客服、人工客服都没有操作权限，费力度为11.2，如图3-9所示。后来，火车票修改了退款规则，完全实现了线上化，火车票退款成了费力度为0.2的业务。有人可能会问，退款这么方便，会不会流失用户啊？在互联网时代，用户流失随时会发生，挽留了这一单对当下可能有好处，可是用户会马上找到有类似功能的产品，一旦找到，就再也不会回来。

同样是退款的场景，我们看到了在服务历程设计中，受业务环境、智能化能力、权限和设计能力的影响，会有截然不同的费力度体验。因此，我们介绍了以上五种业务场景。

场景五：火车票退款(智能客服、人工客服都没有操作权限，智能客服有协商流程)

费力度：11.2

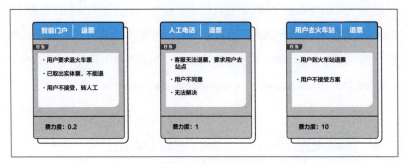

图3-9　火车票退款

 解决力和费力度的几种收集方式

我们在第1章就谈到过，解决力和费力度不是传统客服中心的运营指标，并非简单地通过加减乘除就可以得到。在实际的运营中，为了实现解决力最高和费力度最低这两个指标，有以下三个互相验证补充的方式。

1. 用户反馈收集

实时的用户反馈收集，往往更加依赖于员工解决的态度和技巧，但是这种做法并不能真正地解决问题。因此，我们更推荐由系统事后触发的反馈收集体系。而且这种反馈能针对整个问题，而不仅是客服的态度。

2. 质检解决力

质检解决力包括敷衍、传声筒、解决、惊喜4档评分标准，前文已有介绍，此处不再赘述。

图3-10和图3-11是解决力的评分标准和注意事项。通过设定正确的质检规则，可以以质检的方式得到解决力的实时反馈。

解决力评分标准

1分 敷衍（在服务客户过程中，发生下面任何一项，视为敷衍，得1分）
1.1 没有厘清客户诉求；
1.2 没有满足客户的合理需求；
1.3 当客服在电话中对客户有承诺时，事后承诺没有兑现；
1.4 当客户表现出明显不满时，未做情绪安抚；
1.5 当涉及资金风险和信息安全时，不能保障客户权益；
1.6 当发生在线聊天异常断线时，若在第一句断线，沟通响应时间超过10秒，若在非第一句断线，沟通响应时间超过20秒。

2分 传声筒（没有命中1分标准中的任何一项，也达不到3分标准的要求，视为2分，即只做到以下这些）
2.1 厘清客户需求；
2.2 回答了客户问题，解决了客户的合理需求，或者拒绝了客户的不合理需求；
2.3 当客服在电话中对客户有承诺时，事后承诺兑现；
2.4 当客户表现出明显不满时，给予客户安抚；
2.5 当涉及资金风险和信息安全时，保障客户权益。

3分 解决（在做到2.1～2.5项的基础上，还做到3.1项，以及在3.2～3.4项的情况发生时能够达到下列要求，视为3分）
3.1 给客户传递出了"我们会负责"及"请客户放心"的担当；
3.2 当针对此客户此事件有可能在未来遇到其他问题时，一次性说清楚，给予预防性建议，尽量帮助客户减少麻烦；
3.3 当此事件很明显会影响其他客户时，主动升级和上报问题；
3.4 当客户的需求不合理时，给予了清晰和明确的解释，并尽力去获得客户的理解和认可。

4分 惊喜（在做到3分标准的基础上，还能做到4.1项，以及必须发生了4.2～4.4项中的任何一项，并且能够达到下列要求，视为4分）
4.1 能确保客户除本通电话外，完全不需要任何额外操作就达成解决；
4.2 当客户方遇到不便的情况下，能够突破流程，主动承担更多责任；
4.3 当涉及多方利益时，即使只有一方来电，也要考虑第三方的安抚；
4.4 当客户很生气，情绪很激动时，客服能通过沟通技巧达到谅解和共识。

图3-10 解决力评分标准

质检解决力的注意事项

评分规则只是为了便于做出判断，切记生搬硬套，请遵循以下规则：

- **客户视角**：分值为对客户体验的整体打分，不限于对客服人员能力的评价，还包括当前公司话术、流程、规则与权限，以及工具的合理程度。评分过程中，要先考虑人之常情和合理的处理逻辑，而非生硬地套条款，即当评分规则不确定时，应站在客户角度衡量。
- **从低到高**：评分要从低往高核定分数。如果发现命中了1分标准，则得1分；没有命中1.1~1.6项中的任何一项，意味着满足了2分标准。再看3分标准，如果3分不满足，则得2分；如果3分都满足，则看4分标准。如果4分不满足，则得3分；如果4分满足，则得4分。4分满足需要电话涉及4.2~4.4项中的至少一项，即并非所有电话都具备评4分的条件，需要出现4.2~4.4项所述的特殊情况。对于大部分电话来说，可以得到的最高分为3分。
- **主线判定**：如果来电中的疏忽或者错误并非客户主要诉求，可以提醒但不扣分。主线包括厘清问题、安抚情绪、事件解决和后续闭环反馈。
- **合理需求**：客户的"合理"需求指显而易见需要并且应该满足的客户需求；"不合理"需求指对比业内通用做法后，满足当下客户利益会损害其他方利益，或者会影响该业务存在的合理性，如电影票和演出票不能在演出开始前一定时间内退改签的规定。各评分规则对于合理需求的要求是解决问题，对于不合理需求的要求是耐心给客户解释，获得认可。
- **达到共识**：如果受内外部条件限制，则合理的需求不能被满足，但如果能用同理心与对方沟通并达成共识，甚至尽力了但是没有完全达成共识，都可以得到3分或4分。反之，以规则为依托生硬拒绝，就只能得1分或者2分。
- **不考虑难度**：2.3~2.5项及3.2~3.4项条款在一通电话里不一定会出现，当其出现的时候，只有满足对应的要求，才可得分。这意味着每一通来电的难度是不一样的，但是考虑到每位一线客服人员接到难处理的电话的概率是一致的，因此，不对电话难度进行额外打分。
- **担当与负责**：对于3.1项标准，并不意味着必须说出"您放心，我们一定会对您负责"，当客户体验不好或有抱怨和担心的时候，可以直接说以上话述；但是当客户只是单纯地咨询问题时，只要表现得积极热情，就可以得到3.1项的分数。
- **聊天异常断线**：如果客服第一句沟通响应时间没有超过10秒，但是客户一直没有回应，则不评分。

图3-11　质检解决力的注意事项

3. 听音制度

听音制度是指关键负责人一起去客服一线了解用户的问题是如何被解决的，并且请业务人员对解决力打分，打分之后服务部与业务部当场协商如何提升某一类问题的解决力，以及某些问题如何能够改善并且"减少发生"的比例。

通过听音切实感受到用户对于产品的反馈和建议,有利于改善和创新产品服务,提升服务体验;管理人员实时了解市场及用户情况,也是增强行业理解和提升商业思维的重要途径,建议业务负责人、产品负责人、技术负责人参与其中。

听音可以使用专门的听音室、客服现场的听音座席,也可以不定期地随时播放录音和查看员工操作界面。具体可以分为定期听音和不定期的听音。

定期听音即服务设计师与各业务负责人、产品负责人、技术负责人定期集体听音,对听到的处理案例进行解决力打分、费力度分析,并且一起讨论研究解决方法。会议上形成的优化建议和行动计划要定期追踪。

不定期的听音,发生的时间和场合都是随机的,往往是通过案例感受到用户的痛点并且能够形成快速的共识,针对这一个案例发起讨论和促进解决。这种方式是定期听音的有效补充。

第 4 章

场景化智能客服

- 4.1 智能客服环节的价值
- 4.2 用户需求产生和场景化客服入口
- 4.3 智能服务门户的关键模块
- 4.4 智能解决力提升的7种方法
- 4.5 智能服务引擎的关键技术实现
- 4.6 智能客服环节中的语音智能门户
- 4.7 智能满意度与人工满意度之间的差距来源
- 4.8 关键运营机制

第 4 章　场景化智能客服

智能客服环节的价值

在智能解决环节中,用户产生客服诉求,选择不同的方式进入服务入口,然后通过不同的方式解决问题,如图4-1所示。

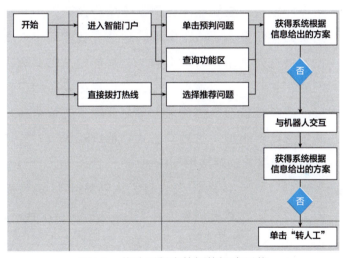

图4-1　体验历程中的智能解决环节

智能客服是服务历程的起点,好的智能客服可以快速地为用户解决问题,提升用户的服务体验。

本章中谈到的智能客服,与IVR(语音自助导航)的自助服务和以聊天为主题的聊天机器人不同。从目标上看,自助服务和聊天机器人主要以"节约人力成本"为导向,提供简单的答案,并且隐藏人工入口。隐藏人工入口会使解决比例虚高,让用户体

109

数字化 客服设计

验变差。因此，在线的智能客服的门户，至少要满足以下三个标准：

❶ **入口易得**：有可能发生在用户可能会遇到问题的地方，就需要有客服入口，即有明显的人工入口。智能覆盖率是指企业有多少比例的交易订单开通了客服入口，这个指标可以衡量入口易得的程度。

❷ **以解决为中心设计**：用户如果在智能环节中解决问题，她体会到的费力度是远远低于一次人工交互的，但是如果不能解决或者解决的比例低于用户预期，用户感觉到的费力度就会大于人工解决。因此，智能环节需要服务设计师充分利用好智能客服的各项能力来切实解决用户问题，包括自然语言理解能力、信息接入和加工能力、灵活的流程机器人搭建能力和企业赋予的解决权限等。衡量智能客服解决能力的方式包括针对解决力的打分，以及收集量化的解决率指标。

❸ **快速转人工**：快速转人工是因为智能客服强调解决能力，但是要设置解决边界；不能解决的内容能够快速路由[①]到解决能力更强的人工环节。快速转人工可以设定在发生某些紧急场景下直接进入人工，在智能门户界面的第一层就设置人工入口，也可以设定交互次数大于多少次的时候就转接人工。可以通过用户NPS调查时对"人工服务易得"的评分来衡量。

这三个标准是互相制约的，铺设客服入口的时候，必须保证

---

① 路由是指把数据从一个地方传递到另一个地方的行为，在客服行业通常是指把服务请求从接入节点传递给某个人或者队列的动作。

第 4 章 场景化智能客服

智能门户的解决能力足够强,否则会发生大量人工客服无法处理的情况;同时,追求智能解决率时要避免拦截用户,所以在设计的时候要有明确的人工入口。只有这三个标准相辅相成,才能督促我们从快速解决问题的本质出发,来设计我们的智能客服系统。

智能客服系统不是大家常说的聊天机器人,聊天机器人展现的沟通方式是通过NLP[①]聊天应答用户的问题;智能客服系统是提供一个解决框架,借助问题预判、流程引擎、信息接口等组件来完成对聊天机器人的调用。

聊天机器人只是一个重要的功能组件,我们经常听到大家说"我们的机器人才刚上线,行业语料不够,还要慢慢积累""我们的机器人一开始不智能,未来会越来越智能的"等等,这些说法其实是对的。如果一开始就想依靠"聊天"来解决问题,依赖AI某一天能具备成年人的语言沟通能力,而实际往往只能向用户提供知识库中的某个知识点,那么期望用户满意是不现实的。智能客服体系更多的是一个策略体系,通过"信息+流程+权限+语义理解"来解决用户的问题。

4.2 用户需求产生和场景化客服入口

如表4-1所示,目前常见的客服入口主要有主动识别系统、

---

① NLP (natural language processing,自然语言处理)是研究人与计算机交互的语言问题的一门学科。

在线智能门户、语音智能门户和新兴服务形式4种形式,其目的均为在体验误差产生的时候能够迅速触达用户。因此,客服入口要出现在所有场景发生的时候,并且针对不同的场景有不同的方案。以下重点讲解主动识别系统、在线智能门户和语音智能门户三大类入口的铺设。

表 4-1 服务入口的 4 种形式

客服入口的 4 种形式	主要渠道、媒体形式
主动识别系统	电话、应用程序、短信
在线智能门户	二维码扫码、页面链接、应用程序入口、小程序入口、服务号入口、官网入口、在线聊天服务入口
语音智能门户	从 IP 电话或者热线电话进入智能语音导航
新兴服务形式	社交群、直播客服、视频客服

4.2.1 主动识别系统

主动识别系统,就像是一个城市的巡逻警察,通过走动发现城市中的异常状况并主动干涉,保护好市民。我们说的主动识别,识别到的风险不一定是人身安全,也有很多是小事。

例如,我们坐在网约车上,在同一个地点停留超过了4分钟,可能就会收到一个弹屏提示"如果认为有危险,需要帮助,就可以点击寻求帮助",这就是风险的主动识别。

还有简单一些的,例如我们把共享单车停在路边,超过两个小时,既没有锁车,也没有骑行,系统会推送短信问"您是否还在骑行?"

再比如,我们下了一单外卖,已经超过30分钟了,还无人接单,App上可能会提示"已经长时间无人接单,您是否要退款",避免用户一直等下去。

当某个用户短时间内多次联系客服,很有可能发生了非常糟糕的体验。这个时候是不是可以主动升级,让更高权限的小组来为他解决问题。

这些随时有可能发生的事情,能够识别出来并主动触发服务,对用户是很好的体验保障。在系统的实现上,我们可以建设一个统一的风险管理系统(RMS),来做主动风险识别。一个RMS大致分为风险规则登记、风险识别、行为触发三个步骤。

主动服务规则如表4-2所示。

表 4-2 主动服务规则

风险命名	触发条件	参数	风险等级	可以采取的行动
原地等待超时	同一位置超过时间限制	等待时长	3	弹屏提示 报警按钮 转人工按钮 放弃
原地未锁车超时	同一位置未锁车超过时间限制	未锁车时间	2	弹屏提示 停止计费
……	……	……	……	……

这个主动识别系统不仅可以用于主动服务的触发,还可以用于服务的风险管理,我们会在后面的章节中详细讲述。

4.2.2 在线智能门户

为了更快捷地让用户找到客服,我们可以在各个渠道和场景中植入在线智能门户,给用户带来更好的体验。在线智能门户的主要渠道是二维码扫码、页面链接、应用程序入口、小程序入口、服务号入口、官网入口、在线聊天服务入口等。

在设计服务入口时,要把握以下三个原则。

> 数字化 **客服设计**

❶ **标识统一**。建议每个企业或者每个企业的服务部门都有自己的服务形象和品牌，有利于引导用户形成习惯，同时有利于建立品牌，如京东的JIMI、阿里的淘小蜜都是比较好的服务品牌。

❷ **清晰明确、易辨识**。如果企业有自己的服务品牌，服务入口的辨识度会较高；如果没有自己的服务品牌，在页面空间有限的情况下，应尽量使用"文字+icon(图标)"结合的方式展现，以清晰地表达服务意图。同时，可以结合推荐和预判能力，直接将用户可能遇到的问题部署到发生问题的页面，这样效率更高。

❸ **充分前置**。前置的原则很简单，即问题在哪里发生，哪里就有服务入口。以一个O2O公司的客服入口设置为例，横坐标代表用户诉求的明确度，按照App核心页面的划分方式，将横轴划分为5类，越向右，用户的问题越明确；纵坐标代表用户入口的易得性，如图4-2所示。

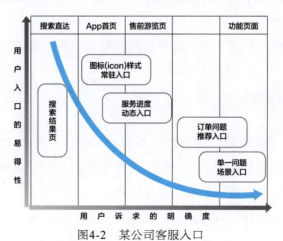

图4-2 某公司客服入口

第4章 场景化智能客服

总之，客服入口可以作为很多环节的黏合剂，把容易错误的、容易断开的环节连在一起，在体验历程还没有完全优化好的时候，用服务历程来弥补用户感受。这些弥补的方式要巧妙，让用户感觉自己正在进行正常的操作，而非处于一个失败的环节。有时候，智能客服的功能可以前移到业务功能中，如很多企业提供的线上退款、部分退款等。

每一个场景下的客服入口，都可以有一个单独的编号，同时系统可以获取这个场景下的用户登录信息、用户订单信息、产品信息等，共同形成一套参数组合，我们将其称作"组合密码"，后台会使用这个参数组合来调用服务入口。

没有参数传递的静态客服门户，在不同的场景下会展示不同的页面。随着客服门户的增多和流程的变化，很难进行静态页面的信息维护，以及保持页面之间的一致性，导致用户可能从不同客服门户得到不同的答案。

用户需要在发生问题时很方便地联系到客服，并且得到满意的答案。但是，如何在各个门户之间保持体验的一致性呢？如图4-3所示，我们看到在很多地方都可以设置客服入口。我们可以通过参数控制，使调用的门户保持一致。

 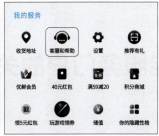 

图4-3　各类入口示意图

4.2.3 语音智能门户

IVR导航最初的目的是有效分流用户电话，让用户尽快地进入最适合自己的技能组解决问题；自助IVR则是为了减少用户在营业点和人工处的排队，从而快速解决简单问题。

随着企业业务复杂度的上升，出于成本考虑，客服希望只处理那些用户完全不能操作的事情，而将越来越多的交互功能放在IVR中，人工入口隐藏得越来越深。出于管理上的考虑，客服把企业的多业务接入统一热线号码，技能组划分越来越复杂，用户在IVR中按键的次数也越来越多，并且只有在按键时保持不出错，才能进入正确的技能组。这种强制的自助服务和复杂的语音导航结构，使IVR备受诟病。

同在线门户一样，其解决的方式是尽量收集用户的随路信息，形成尽量多的"组合密码"，减少用户的输入负担。例如，对于应用程序或者网站上发起的IP呼叫，可以携带除了用户电话号码之外的随路信息，以减少用户的路由难度；客服系统可以主动抓取信息(如服务历史、最后的订单信息、操作历史、用户标签等)，以减少用户的费力度。

4.3 智能服务门户的关键模块

在智能门户中，应该先实现服务路径的多元化，如图4-4所示。

第 4 章 场景化智能客服

基于以往的客服记录、历史服务页面数据的积累及线上用户诉求的收集，我们发现有4种核心服务路径是最有效的，分别是问题预判、服务工具、机器人交互及人工入口。

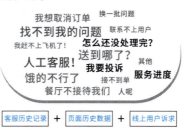

服务工具 主要包括服务进度等常用的功能模块，用户来到智能门户不一定是提出新问题，很可能是来了解已经提交的问题进度。

问题预判 可以做到基于用户的进入场景、订单与账号信息，通过规则参数选择用户订单、推荐用户的问题，提供在线解决方案。

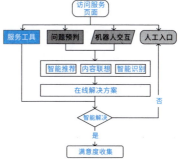

图4-4　智能门户服务路径多元化

机器人交互 区域可以引入NLP机器人，充分收集和理解用户诉求，借助算法的归纳能力，聚类到标准问题上，推动问题推荐与解决方案的不断优化。

人工入口 在智能门户的首层右上角和左下角，用户申请人工的时候，如果已经有一些智能交互，还可以根据已知的需求和订单选择合适的人工渠道，直接路由到人工。

经过这4种主要的服务路径，在线智能服务渠道有能力成为主要服务渠道，具体的服务门户示意图如图4-5所示，可以解决80%以上的客服需求。

图4-5　智能服务门户(案例)

下面依次介绍预判模块、服务工具、机器人交互模块、人工入口4个模块。

4.3.1 预判模块

在多场景布局下,场景地址编码、用户编码、订单编码、机器编码等,共同形成调用服务入口的"组合密码"。利用组合密码直接锁定用户的需求,是智能门户解决问题的主要方式。

数据证明,在进入智能门户的用户中,45%的用户会使用"预判模块",而且用户进入的时候,若能直接看到预判订单和问题引导,则会直接点击去解决,而不会选择寻求人工帮助。

第 4 章 场景化智能客服

用户来找客服,基本上与几类信息相关,如用户订单状态、用户近期的交易状态、用户已有的服务工单,以及用户上次的诉求等,我们可以借助这些信息做订单预判和问题预判。图4-6展示了几种预判方式,其中图4-6(a)借助订单信息做出相对准确的预判,更有助于解决用户的问题。

(a) 根据信息"预判"　　(b) 无信息"预判"(1)　　(c) 无信息"预判"(2)
　　　　　　　　　　　　　　　　　　　　　　　　　——猜用户干什么

图4-6　智能服务门户的预判

在智能服务页面,用户申请退款的时候,我们不应该只是给用户一个文本答案,或者将用户简单链接到功能页面(见图4-7)。要知道,用户就是因为对退款页面的设计有理解偏差才来到客服页面,你让他直接回去,如何解决他的问题?图4-8展示了几种智能服务门户的处理方式。

图4-7　智能服务页面截图

数字化 客服设计

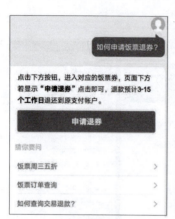

(a) 正确解决　　　　　　　　(b) 文本答案

(c) 链接到功能页面

图 4-8　智能服务门户的处理方式

第 4 章 场景化智能客服

智能服务门户应具备准确的订单选择、功能选择的能力,以及问题解决能力。这时候,就需要调用通信平台、信息接口和功能平台来提供解决方案,如修改订单、信息备注、联络功能、即时交流、提交表单等,如图4-9所示。

图4-9 实现的各种功能

4.3.2 服务工具

用户在智能门户上提交的工单,以及人工服务后需要升级处理的工单如果需要反馈信息和了解进度,就可以进入"服务工具"模块,根据经验,有10%的访问量会进入此模块。大部分的服务工具模块仅提供进度查询功能,但是知道了进度情况之后,用户不能增加信息,也不能操作,还会造成用户多次查询后催单或者拨打电话。实际上,工单进度页面是非常好的员工与用户的交流和信息展示的地方,我们应该充分利用这些。

如何让进度查询具有解决能力呢？这里我们要知道，用户不是来查看进度的，其一般有以下几个方面的诉求：

- 客服代表的回拨电话没有接通，需要了解一下外呼的目的；
- 有一些照片、视频或者证明文件，需要提交作为处理证据；
- 已经有很长时间没有联系，超过了用户的容忍时长；
- 对解决过程或者结果不满，希望重新发起投诉。

基于以上的用户洞察，我们可以将服务进度查询功能，升级为服务过程的沟通信息板，无论是员工还是用户，都可以将更新的信息上传，并且在这里看到解决问题的详细进展。图4-10展示了无效外呼后用户与员工的交流详情，工单结束后的反馈收集情况，以及用户直接投诉或者要求重新处理的详情。

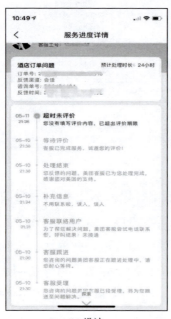 

(a) 设计　　　　　　　　　(b) 实例

图4-10　工单进度页面

这些交互功能，有效地减少了用户的重复拨打，也减少了提交证据和反馈意见的费力程度。这将对服务处理的过程形成非常有效的监督。

 4.3.3　机器人交互模块

机器人交互模块，就是用户直接用文本或者语音表达自己的意图，NLP根据前面预判的订单信息和交互信息，以及用户的直接表达，理解用户意图，并尝试给出答案。如果有比较好的预判模块的话，则机器人交互模块在整个门户的流量中仅占约20%的比例。

但是，机器人交互的内容是智能门户的创新来源，因为其他功能都是基于设计者的策略设计，基于数字化信息的预判和解决，只有这个功能是开放性地收集用户要求，并且答复用户的。借助机器人交互功能，我们不仅可以预判得更加准确，还可以根据用户描述发现新的问题和解决方案。

同时，无论是预判模块还是机器人交互模块，都无法通过简单的问答形式解决用户问题。特别是在用户的订单信息与事实不符时，预设好的功能无法很好地解决问题，甚至会引起用户产生焦躁情绪。

例如：用户明明已经报修，可是工程师迟迟不上门，报修单还显示已解决；用户认为完成了支付，可是订单状态仍旧是未支付，用户问"为什么不发货"，而系统给出的预判问题则是"为什么支付不成功"；快递明明没有送到，订单显示已签收，用户进入客服门户，发现已经没有"没收到货"的选项；订单处于不能退改的状态，但是用户不认可协商，需要知道具体的退改签条

款信息。

在这些常见的"错位"场景中,机器人交互模块需要承担起兜底职责,帮助用户解决问题。基于NLP的智能机器人,在交互方式上,大约会有问答机器人和任务机器人两大类,机器人的答案中,除了文本,还会支持富媒体[①]和接入信息。

例如,图4-11展示的机器人交互,就分别体现了基于知识点的回答,基于接入信息的回答,以及基于任务的机器人交互。

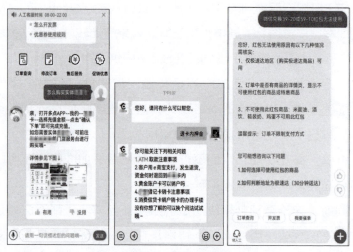

图4-11 机器人交互

4.3.4 人工入口

能够解决问题的智能门户,给用户的体验感受是费力度低于

---

① 富媒体,即rich media的英文直译,本身并不是一种具体的互联网媒体形式,而是指具有动画、声音、视频或交互性的信息传播方法。富媒体包含流媒体、声音、Flash,以及Java、Javascript、DHTML等程序设计语言的形式之一或者几种的组合。

第 4 章 场景化智能客服

人工，但是为什么还有那么多用户认为智能客服"阻挡"了人工呢？那是因为大量的智能门户没有正确的人工入口，导致用户在问题无法解决的时候，费力度很高，而是要反复描述问题，致使用户产生不满。

因此，对于用户不能接受通过智能客户解决的场景，或者通过智能客服解决问题所花费的费力度非常高的场景，应该快速找到人工环节的入口。

人工入口至少应存在于以下场景中。

- 首层页面有人工入口，当人工排队的时候，可以提示等待时间，但是不要阻挡用户。
- 无效交互次数大于3次的时候，主动提出转人工。
- 若某些场景的用户满意度极低，可以暂时转人工解决；同时，保持20%的灰度流量来持续测试解决方案的有效性。

对于交互次数太多的场景，或者已知满意度很低的场景，应该在解决能力不够的时候路由到人工，同时探索智能解决的突破口，不断提升其解决能力。

对于已经在机器人交互中明确表达出意愿的问题，转人工的时候应该尽快路由到人工座席，而不要经过语音导航让用户重新按键选择。

通过快速通道转入人工，有助于智能客服健康地成长。智能客服的运营专家们会更加专注于如何精简交互时间，抓住用户的需求，帮助用户解决问题，毕竟用户随时有第二选择(转入人工)。

4.4 智能解决力提升的7种方法

事实上，通过简单的问答式"聊天"，不太可能解决用户问题，下面介绍几种解决方式，帮助智能客服有效解决用户问题。

4.4.1 标准问答式

首先，用户提出自己的问题；其次，系统根据问题匹配可能的答案或者问题列表；再次，用户根据系统的列表做出选择；最后，系统通过用户的列表选择再给出解决方案。这是标准的智能问答。系统引入了NLP技术，与关键词搜索的自助服务相比，其可以理解用户的自然语言，聚类提炼标准问题和扩展问题。下面分析几种不同层次的问答。

① **敷衍/传声筒**：主要有如下表现。首先，不理睬用户的输入信息，不会根据用户的提问对回答做出调整。其次，中间的交互过于烦琐，提出很多没有必要回答的问题。最后，给出的答案是知识库的标准文字答案，没有针对用户的情况给予回答，如图4-12所示。

可见，这个系统没有接入用户订单信息，所以不能给出针对性的答案。

第❹章 场景化智能客服

图4-12 标准问答案例(敷衍/传声筒)

❷ **解决/惊喜**：即使是标准问答，也可以通过运营和配置，给予用户更有解决力的答案。如图4-13的案例，用户反馈红包无法使用，系统能正确识别问题，并用图例向用户尽量直观地解释从哪里查看红包；还能更进一步在答案中主动给出第二选择，使用户可以直接操作，有助于提高客服的解决率和用户的满意度。

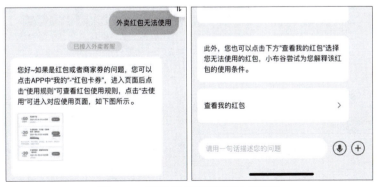

图4-13 标准问答案例(解决/惊喜)

4.4.2 专属定制问答

智能客服能够接入企业的订单信息和用户信息，给予用户更加有效的专属答案。图4-14(a)显示的就是没有获取信息的普通预判问题，没有根据用户的情况来做出回答；图4-14(b)是有了用户信息后的专属预判问题，这里基于用户订单的发货状态判断用户当下最有可能提出的问题；图4-14(c)是典型的专属定制问答案例，给出的答案令用户满意。

仔细看图4-14(c)的答案，包含了一个信息接口"您的订单已发货"，以及商品属性和订单状态下的解读，而且是以用户化的语言描述出来的。

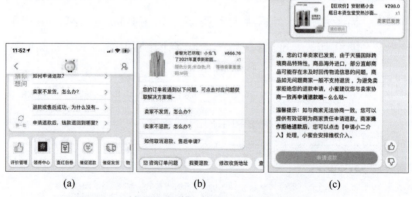

图4-14　基于用户信息的提问和回答(解决/惊喜)

由于"商品特殊性"和"订单已发货"，因此"商家一般不支持退货"。

在这个情况下，系统给出了建议方案即"建议您与卖家协商一致后再申请退款"，同时给出了"申请退款"的操作入口。

这是一个非常优秀的答案设置，基于用户订单的发货状态判断用户可能提出的问题，有专属的定制答案，有建议方案和第二选择。

实现专属定制问答，需要智能门户接入信息，显示不同的建议方案。这需要运营人员深刻洞察用户的真正诉求，只有这样，才能配置出满足用户需求的方案。

4.4.3 链接到解决页面

当用户有办理退款、修改订单、办理会员等需求时，智能门户可以搭建任务流程，链接到"正确"的操作页面。如图4-15(a)所示，在用户申请退款时，系统可以将其链接到可以退款的页面；如图4-15(b)所示，当用户想成为会员时，系统经过判断和给出答案之后，直接将其链接到申请会员的页面。

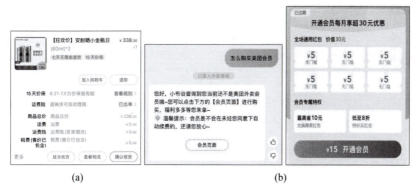

图4-15 链接到解决页面(解决)

在链接到解决页面的时候，应注意两点。一是先厘清问题，然后再链接到目标页面，避免链接到过于复杂的页面，让用户无从选择。图4-16就是一个敷衍的解决方案，用户选择了"保单服务"之后，直接进入功能非常复杂的投保专区。此时，一问一答就没有任何意义。二是要注意将已经收集到的信息传递给下一个页面，例如在用户的预订过程中，客服如果收集到了日期、目的地，那么跳转预订页面的时候就不要重新再询问用户相关问题。

图4-16 链接到解决页面(敷衍)

正确地跳转到相应的页面解决问题，是智能门户上线初期提升解决能力的好办法，很多时候用户是因为找不到操作入口或者对该操作存有疑虑才会找到智能门户，因此，如果能在解答疑虑之后引导用户进行操作，即可减少用户的费力度。

不过，有些跳转出智能门户的操作存在着目标页面复杂、不能传递参数及不能确定用户是否解决问题的缺点，因此，智能页面也可以逐步开发其他方法来解决问题。

4.4.4　直接调用接口完成任务

除了上面提到的转接到相应的页面去解决问题，智能门户还可以调用接口在本页面帮助用户完成操作，由系统完成后续的两者的信息同步和操作同步。

图4-17就是直接调用接口完成退款，以及调用平台外呼能力直接外呼的案例。常见的操作任务还有很多，如订单的催单、部分退款、联系第三方、补偿红包、计算赔付金额、自动判责等，这些功能将帮助客服尽快解决用户的问题。

图4-17　直接调用接口完成任务(解决)

智能系统将这类任务做成小的模块，在需要时直接调用，这极大地提升了智能门户的解决能力。同时，智能运营专家需要思考如何在合适的场景中调用这些模块，以解决问题。

这些功能模块有时候是涉及财务和操作权限的，运营专家要考虑"授权"给机器人完成这些功能对其他部门是否会有影响，同时推动其他部门认可将某些功能前置到智能页面。这种设计和推动能力，对于智能运营人员是很关键的。

例如，机器人在超时严重的情况下可以补偿5元红包，与10多元/次的人工服务相比，这样的投入产出是值得的。但是，我们要考虑必要的风控措施，避免滥用，以免让用户有不被尊重的体验，或者被羊毛党利用，损害了广大普通用户的利益。

从可以直接操作和完成某些功能开始，智能客服就不再是简单的"问答机器人"，而是能够真正帮助用户找到解决方法的好助手。

4.4.5 搭建任务流程

通过前面提到的基础任务，例如智能外呼功能、订单操作功能，我们可以搭建更复杂的任务流程，来帮助用户解决更复杂的问题，这时候需要智能客服的组件中包括一个流程引擎。

例如在退款允许的时限之外，用户有特殊情况需要申请退款，这时候系统可发起一个协商外呼，商家同意全部或者部分退款后反馈给用户，从而解决原来多次外呼才能解决的人工流程。

图4-18展示了商家找回券码的场景。原本的券码找回是一个必须人工客服参与的复杂流程：即人工客服记录商家需求之后，提交系统找到合适的用户，再多次外呼询问，最终解决问题。利用智能客服中的外呼功能，搭建一个解决类似问题的任务流程，就可以帮助商家完成"找回券码"的操作，有效帮助商家缓解财

第④章 场景化智能客服

务损失。

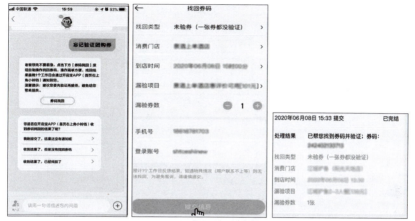

图4-18 搭建任务流程(解决)

4.4.6 复杂问题生成工单

搭建任务流程时，若遇到比较复杂的事情，可以直接用表单的形式让用户提交一张工单，传递给人工升级团队来处理。这种流程可以缓解人工排队的情况。设计上传工单时，可通过上传取证照片等形式，尽可能引导用户一次性将问题描述清楚，方便客服快速、直接地了解情况及用户诉求，有效提升处理工单效率。有些结构化的工单还可以直接由后台机器人进行处理，无须人工干预即可解决问题。

如图4-19所示，智能客服搭建了"解决到店无房"的工单流。了解到用户是在出发之前被告知订单有问题，且此时人工忙碌，因此系统生成一张工单并且明确了工单的处理时限。表单提交后，人工升级团队的客服员工即可直接了解情况并给予处理，必要时会外呼用户。

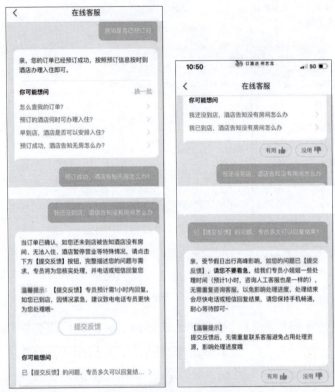

图4-19 搭建工单流(解决)

从原则上来看，如果搭建了工单流，就不再有智能客服不能解决的问题。事实上，在操作时，很多用户不喜欢这个功能，主要原因是表单比较复杂，且处理速度不够快。

图4-20呈现了搭建工单流的解决方案，即通过提交表单来解决问题，把原来非常复杂的理赔过程直接线上化，减少了交互和等待的时间。美中不足的是，用户的体验有些烦琐，并且没有给出承诺时间，很容易造成催单。

第 4 章 场景化智能客服

图4-20 搭建工单流

无论是用户反馈的无房问题,还是理赔问题,系统都可以在人工处理之前做智能外呼,收集、确认酒店和商家的反馈意见和信息,提出解决方案,这样有可能不需要人工处理,或者极大地缩短人工处理的时间和复杂程度。

4.4.7 建立解决问题的探索环

我们通过以上6种方法,使智能客服解决问题的能力得到逐步提升。在实践中我们发现,以上方法虽然能直击用户需求,但是有一部分用户感觉不能充分表达个人意见,方案有强迫性。那么，如何能让智能机器人除了表现不断提高的解决能力，还能够提供更好的交互能力呢？

我们观察到人工客服在处理问题的时候，与智能的解决路径有所不同，具体体现在：面对用户的需求，不是直接寻找方案，而是要确认用户的场景、提供可能的方案与用户协商，之后才会依照用户诉求来寻求解决。

我们将这种确认场景、提供方案选择、协商执行的形式，带入智能客服的流程，缔造出的"探索环"（见图4-21），是智能客服的第7种方法。若要实现这个探索环，需要智能机器人主动抓住时机，厘清用户需求背后的场景。例如图4-22中，当用户询问"如何联系骑手"的时候，智能客服回答"您的订单骑手还没有开始接单，请耐心等待"就是正常的解决方案。因为用户还没有对应接单的骑手，怎么联系？但是这个答案是不会让用户满意的，因为客服没有解决用户真正的诉求，用户希望联系骑手的背后，是"订单超时未送达"这个场景。

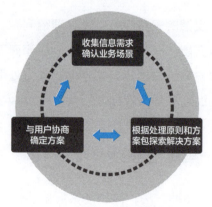

图4-21 人性化解决流程(流程)

第❹章 场景化智能客服

因此，系统对用户的场景进行主动探索："我们看到您的订单还没有接单，需要我们帮您催促一下吗？"这才是用户想要的答案。系统从订单状态中发现长时间未接单，因此意识到用户的需要不是联系骑手而是了解订单为什么没送到，同时让用户选择需要催单，还是退款。这样，帮助用户想到其没有意识到的解决方案，相信这是会让用户感受到"惊喜"的服务。

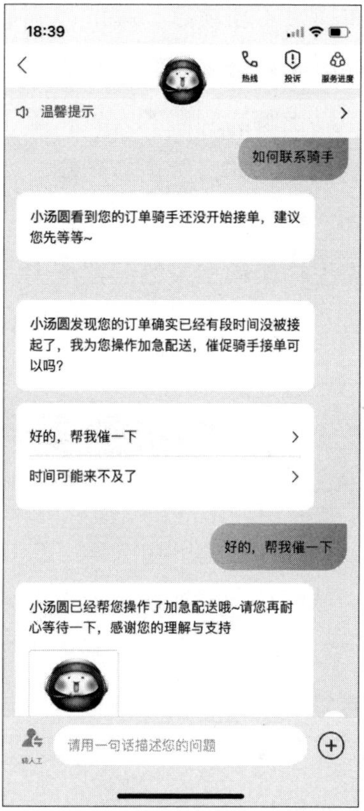

更有效的手段是触发派单遗漏核查的流程，针对这张订单进行干预，将超时订单分配出去，同时保障骑手利益、商家利益和用户利益，这才是真正的"惊喜"。

图4-22 人性化解决流程(解决/惊喜)

这7种方法的实现，要依靠服务设计师和智能运营师的设计能力、运营能力和推进能力，才能在更多的场景上不断找到更有解决力的方案，最终得到更好的综合结果。我们在运营实现的过程中，要关注针对每一个标准问答的不断探索和多种解决方案的实验，最终找到每个场景最适合的方法。观察每个场景的用户满意度、成功解决率和转人工率，而不是只看大的指标是否达成。

只有通过不断实践，才能找到最适合企业智能客服的方法，做出能够给用户带来最好体验的选择。

以上解决问题的方式，除了依靠设计和运营，还要基于机器人的能力，如自然语言理解、多轮语义理解、聚类能力等；除此之外，机器人还需要接入企业的业务信息和服务信息，具备灵活的流程构架和相关的配置能力。

4.5 智能服务引擎的关键技术实现

从门户配置和解决方案的分类可见，智能门户不是一个简单的"对话机器人"，而是一个智能解决方案的系统框架，下面我们来分模块解读。

4.5.1 系统架构简介

服务系统核心要解决的问题有两个：一是保障入口前置和通畅；二是保障解决环节规则统一、执行高效、方案优质。基于此，我们将服务系统分为5个模块，服务入口模块保障入口前置与通畅；智能服务引擎、工作台系统、业务接入系统、人员管理系统4个模块协同提高解决环节效率与质量。图4-23是数字化客服系统框架。

第 4 章 场景化智能客服

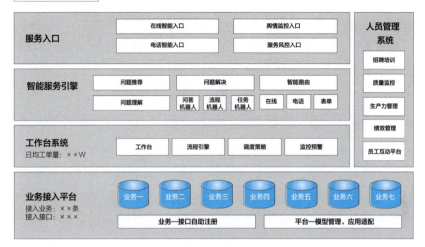

图4-23　数字化客服系统框架

 4.5.2　各模块职能和架构详述

服务入口：是用户的直接触点。按照服务渠道可分为在线智能入口、电话智能入口、舆情监控入口、服务风控入口4类。

智能服务引擎：是整个服务系统的核心。在4类服务入口处会调用它形成具体的智能门户，包括了服务工具、问题预判、机器人交互和人工入口等4种主要服务路径，因此它能够同时驱动上游入口智能解决、对于不能解决的部分完成路由分流进入下游的工作台系统做好人工解决。智能服务引擎包括问题推荐、问题理解、问题解决、智能路由4个主要的功能模块。

工作台系统：是整个服务系统的基础，在工作台中用户的每一次服务请求被记录成为一条"工单记录"，工作台各个模块互相配合完成好工单的创建、流转、排队并最终及时解决。其中的

"工作台"模块是客服人员处理用户问题时的工作界面,在这里生成的工单要通过"流程引擎"来配置后续的流转到哪里,通过"调度策略"分发工单和排队,通过"监控预警"模块来发现流转的时长和次数超过预警值的工单并优先处理。

人员管理系统:是客服人员管理的数字化平台。包括客服人员的招聘培训、质量监控、生产力管理、绩效管理和员工互动平台。

业务接入平台:是指一个业务对接到数字化客服体系的接口层。业务对接到客服体系首先要将客服解决用户问题需要的业务信息动态接入;其次是该业务的语音门户、在线智能客服门户、人工工作台界面、工单结构等基础架构的配置。由于企业发展中会不断有新的业务形态产生,同时成熟业务的信息字段变化也是非常频繁,因此要找到动态信息接入的方式。

4.5.3 业务接入平台

用户服务依赖于详尽、实时、准确的业务信息。同时,客服的操作权限也受到系统的信息接口的约束。无论是智能客服还是人工客服,都需要大量的信息接口来帮助解决问题。

服务场景对接的业务较多,其数据信息具有数量多、复杂、变化快等特点。单业务企业不涉及该类问题,而对于平台设置复杂的企业来说,每个业务方都有独立的业务逻辑和系统,业务也在快速发展且不断孵化新业务,这都需要与服务系统对接。

服务系统与多个业务系统对接时,每个业务系统都有独立的业务逻辑和多个信息接口。在业务快速发展时期,这种对接信息不仅数量极大，而且变化频繁。如果在每次变化时都要联动客服和业务的研发人员完成，会极大地影响接入效率。因此，我们考虑使用更有效的开放式业务数据接入平台。

开放式数据接入平台：作为一站式接入业务数据的平台，可以实现业务信息接口一次引入注册，多次多渠道灵活应用，降低业务信息接入客服系统的时间成本和开发成本，提高业务信息的透明化和接口利用率，推进服务侧的解决能力。

数据开放平台系统框架，如图4-24所示。

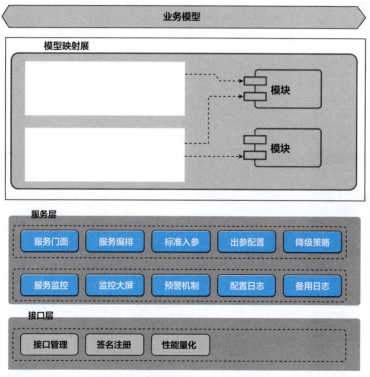

图4-24　数据开放平台系统框架

设计思路：归纳、整理已接入客服平台的信息及新的接入需求，将其归类建模,形成统一的低代码接入规范,消除双方的重复工作。

核心架构:通过标准的业务模型完成业务运营与数据接口的解耦动作,并通过业务模型来驱动各个场景的实现,改变原有任务驱动、需求驱动的局限性、片面性,统一采用模型驱动的方式为各端提供数据支撑。

业务运营模式:由服务设计师(业务运营)根据服务需求提出数据接口需求,由业务的研发人员或者服务平台的研发人员完成业务的配置工作。通过以上方式接入数据平台,可以实现仅需一次接入,就可以被服务的所有模块调用,有效地减少重复劳动。在这个运营模式下,服务系统的"弹药"可以在无开发的环境下自然地快速增长,成为服务系统的重要壁垒。

数据开放平台运营模式,如图4-25所示。

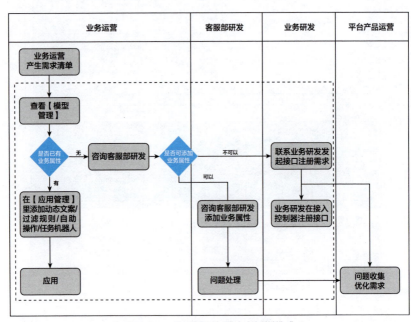

图4-25 数据开放平台运营模式

4.5.4 智能服务引擎的任务型机器人

智能客服背后主要是以对话交互技术为核心，常见的对话可分为闲聊型、问答型和任务型。

- 闲聊型：通常是不关注某项特定任务，它的主要的目标是和人进行开放领域的对话，关注点是生成流畅、合理且自然的回复。
- 问答型：侧重于一问一答，即直接根据用户的问题给出精准答案。问答机器人主要思路是从对话语料库中找出与输入语句最匹配的回复，这些回复通常是预先存储的数据。
- 任务型：通常是帮助用户完成某项任务指令，如查找酒店、查询订单状态、解决用户的退款申请等。用户的需求通常比较复杂，需要通过多轮交互来不断收集任务所需的必要信息，进而根据信息进行决策，执行不同的动作，最终完成用户的指令。任务机器人通常要维护一个对话决策树，根据不同的对话状态决策下一步动作，动作可以是查询数据库或是回复用户等。

在客服业务场景里主要是任务型和问答型对话，中间也会穿插一些闲聊型对话。闲聊型对话主要是与用户打招呼或者给用户以简单的情绪安抚，起到润滑人机对话的作用。问答型对话和任务型对话最本质的区别在于，系统是否需要明确用户的目标和是否需要通过一个决策过程来完成任务。有效地使用信息接口平台提供的信息，设计可进行多轮对话的任务机器人，是处理复杂问题的关键，如图4-26所示。

数字化客服设计

★ 背景：对于复杂类问题，机器人的解决能力弱

机器人解决能力模型

- 简单类问题
  - OA问答：咨询类&操作类
- 复杂类问题
  - 投诉类、判责类
- 人工处理

向下压缩

人工服务的优势
(1) 海量信息查询与操作权限 ✓
(2) 具备问题处理流程知识 ❓
(3) 情感安抚与谈判能力 ✗

图4-26　多轮交互的解决能力

下面举例说明一个多轮交互的任务机器人是如何解决用户问题的，如图4-27所示。

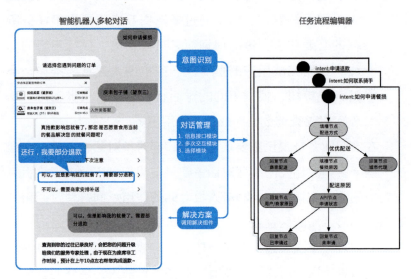

图4-27　多轮交互的任务机器人解决案例

这个多轮的交互是如何发生的呢？

首先，用户在交互中输入了"如何申请餐损"，意图识别模块将它与知识库中的拓展问题进行匹配，进而得到对应的标准问题"如何申请餐损"。

其次，对话管理模块会先调用信息接口平台，查询到是什么业务、哪张订单、订单状态，再根据系统中配置好的任务流，如图4-27(左)所示，通过多次交互厘清用户的诉求是部分退款还是安排补送，从而给出不同的解决方案。

最后，调用解决组件。这个案例需要调用"红包补偿"的功能模块来解决问题。

技术平台需要提供的工具包括可视化的任务流编辑工具，并且把外呼、地图、退款及接口调用等核心功能组件化，业务运营人员可以通过拖拽的方式来完成任务流程设计。对话引擎在与用户的真实交互中，要完成Task内各步骤的匹配调度。

在解决用户问题的过程中，智能客服的能力、信息接入能力与业务流程能力缺一不可。客服运营人员使用信息接口平台提供的信息，利用任务流编辑器来定制解决问题的流程，并且把客服的常见问题组件化，使其成为流程中可以调用的模块。这些任务流可以帮助客服更好地解决用户的问题。

4.6 智能客服环节中的语音智能门户

在移动互联网未完全普及之前，语音渠道是呼叫中心的命脉。现今，语音只是众多服务渠道中的一个，其定位、使命、能力都发生了巨大转变，同时带来了体验的变迁。当下，仍有很多企业和呼叫中心在语音渠道上有不少误区和执念。

4.6.1 固定 IVR

早期IVR(interactive voice response，即互动式语音应答)的设计很简单，基本上是"欢迎语+问题菜单"，并且流程和播报内容固定。在这个阶段，IVR的定位非常清晰，就是帮助用户找到正确的技能组，设定自助导航，其核心是要有较高的通用性、易读性的菜单，可随着业务变化即时更新。

4.6.2 动态 IVR

随着互联网的发展，尤其是电商、O2O、OTA等商业模式的兴起，互联网平台的业务越来越多，区分方式也越来越复杂。针对复杂的业务结构，IVR这个时期需要解决如何在有限的按键上承载更复杂的业务。

1. 如何在有限的按键上承载更复杂的业务

在IVR上的操作体验要远逊于在线端App，我们希望用户在IVR的平均停留时长要小于1分钟，在业务越来越复杂的情况下，固定IVR的模式下无法很好地解决用户的问题，更好的解决思路是"千人千面"，即实现IVR针对不同用户定制化菜单。当用户呼入时，应关联更多与当前用户相关的信息，包括用户的订单历史、服务记录、访问记录、来电记录等，通过这些信息为用户从诸多的问题中筛选出最可能的3个或5个,简化用户的操作难度。

动态IVR具体实现时,要建立与第三方CTI系统解耦的IVR信息处理模块,主要需考虑两点:一是保护用户隐私,避免订单、服务等关键信息外传;二是建立更结构化、更符合业务特征的信息库或信息库链接,商业化的CTI系统的开放程度有限。如图4-28所示,某CTI的交互通过URL实现,URL中的播报流程和菜单设置完全由内部系统控制。这对动态IVR和后续的语音机器人、智能语音门户的建设都非常重要,从而更灵活地迭代出更符合公司特点的语音系统。对于权威的CTI厂商来说,全球有成千上万家用户,响应某一个用户诉求的周期是很难符合快速发展要求的。

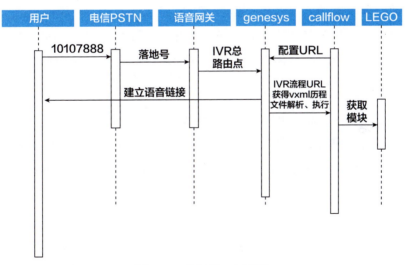

图4-28 常见的IVR配置

动态IVR需要的数据有以下三类。

❶ 用户和商户的基本信息,包括城市、会员级别等。

❷ 服务历史，包括呼入历史、工单历史、智能服务记录等，这个模块的数据应用对用户体验至关重要，如果用户第一次来电和当日第三次来电所听到的内容一样，对用户来说简直是灾难性的。

❸ 业务信息，包括订单信息、订单状态等，如果公司有统一的订单中心，那么公司起步会非常快，如果没有统一的订单中心，则需要服务部门来串联各部门的业务，涉及业务的映射、订单的覆盖、信息解析等，这个过程基本可以决定动态IVR的建设速度。

当服务设计师通过IVR获取这些信息后，可以充分根据公司业务特点设计推荐规则。图4-29展示了常见的动态IVR配置，这是一个以规则分值为核心驱动的方案，优势是在初期可以灵活优化，使推荐更为准确。劣势是可追溯、可解释性不强。如果你所在的公司数据体量很大，在推荐模块可以依赖的技术方案会有很多种。

2. 如何更高效灵活地配合业务变化

以新冠肺炎疫情突发情况为例，在2020年1月初，疫情重点聚焦在武汉，当时疫情政策并不明朗，各家公司都在观望，最初还保持正常，退改政策无明显变化。随着武汉封城，政府出台诸多管理政策，各家公司也开始开放退改政策，外卖配送政策也陆续变化。在此事件中，如果IVR更新不及时，势必面临大规模的爆线，并且这里对"及时"的定义是即改即生效，一周或者三天的排期都是来不及的。这个事件需求IVR具备以下能力。

第 4 章 场景化智能客服

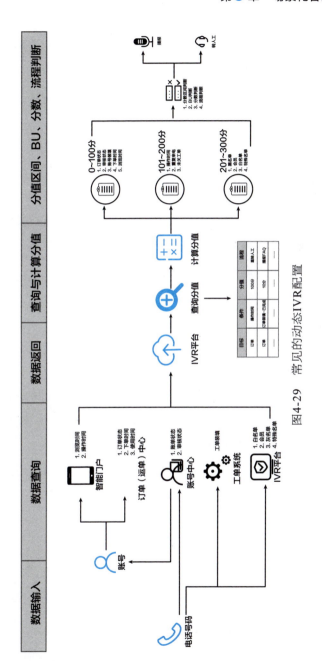

图 4-29 常见的动态 IVR 配置

- 根据归属城市定制IVR，能分辨出有疫情的城市，并进行及时更新；
- 根据公司和行业规章制度，定制IVR的解决方案，如免费退改等；
- 具备可运营性，能实现即改即生效。

然而新冠肺炎疫情只是IVR响应业务变化的冰山一角，根据日常的场景变化对IVR进行调整的情况也有很多，如根据不同地区的天气情况调整服务和播报策略，酒店在七节两月[①]应对峰值的变化等等，因此我们需要有一个基于复杂业务的运营平台，以便及时响应各类变化，真正做到以不变应万变。

4.6.3 配置化 IVR

配置化IVR平台可以以乐高的拼接思路为参考，将IVR整个播报流程切分为不同的"组件"，不同的组件之间可以串联，每个组件内部的"参数"也可以配置，这样就可以动态拼接成一个IVR流程。常用的组件有以下几种。

❶ 播报组件：控制播报的语音内容，具体播报组件包括问题推荐、业务推荐、答案推荐、目标推荐。

❷ 输入组件：控制用户输入的内容和形式，包括按键输入和语音输入。

❸ 计算组件：控制计算和判断逻辑的组件，常见的有工作时间判断、赔付规则计算等。可以根据接口返回的数据

---

① 七节两月：特指酒店在每年的高峰时段，两月指暑假高峰，七节指中国的重大节假日。

第 4 章 场景化智能客服

信息来决定用户的后续流程分支,例如,如果返回"配送超时",则引导用户进入紧急队列;如果返回"配送未超时",则询问用户需要什么帮助。

❹ 引流组件:控制爆线引流策略的组件。呼叫中心最常见的挑战是服务波动大而人力弹性不足,引流组件是专门解决这一场景的。组件包括自动外呼、智能跳转、引流在线等。

除组件化外,配置化还包括以下架构思路。

- IVR 按最小统计单元进行模块化拆分;
- 流程完全可配置化,适应业务快速迭代;
- 保证系统的稳定性,并确保每一个通话可以顺利流转;
- 业务数据与流程数据解耦,降低流程的维护成本。

基于以上摸索和建设,动态 IVR 基本上有了雏形,并且在这个系统下,IVR 的变更不局限于研发和专业运维人员操作,业务运营人员可以更开放地使用这个系统,提出各种改进方案,衍生出更多前瞻性的需求,从图 4-30 中可以看出配置化 IVR 在需求交付时间等诸多方面的变迁。

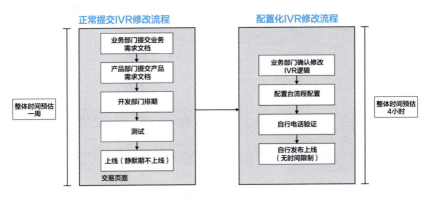

图 4-30 配置化动态 IVR

4.6.4 语音机器人和智能语音门户

严格来说,语音机器人和智能语音门户不是一个概念,两者的差别在于:语音机器人特指通过自然语言的语音交互来解决问题;智能语音门户不是单纯依赖语音交互,而是根据问题发散性、复杂度,将语音交互、按键交互、直接进人工相结合。从目标角度来说,智能语音门户更侧重用户习惯和体验。从发展阶段来看,智能语音门户继承和融合了动态IVR和语音机器人的优势。

1. 智能语音门户的架构

智能语音门户可分为以下三个模块,如图4-31所示。

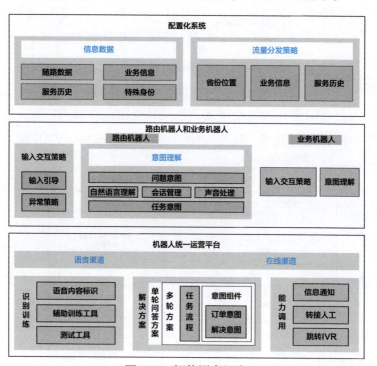

图4-31 智能语音门户

❶ 配置化系统：动态IVR阶段搭建了灵活的系统底层架构，配置化系统在语音门户中完成串联流程、收集信息、分发策略等核心职能。其中，分发策略兼容了新的机器人模块。

❷ 路由机器人和业务机器人：语音机器人从系统中获取用户的语音信息，进行语音识别和语义理解，并结合相关辅助信息，判断用户的意图，区分用户是有路由需求，还是有解决问题的需求，从而调用相应的机器人来解决问题。

以下着重讲一下路由机器人和业务机器人的区别。这里的"路由"有两层含义：一是路由到准确的业务领域，即用户呼入后，判断用户的问题属于哪个业务，应该进入哪个技能组，用户说出"我想退票"的时候，路由机器人需要判断用户想问的是门票、火车票、机票，还是电影票；二是路由到正确的人工技能组，甚至路由到目前最适合接起这通电话的人。而业务机器人的工作重点是解决单业务的具体问题，即问答模块，以解决问题为目标。这个机器人的运作模式与前面讲到的在线机器人有相似之处。

❸ 机器人统一运营平台：在线渠道和语音渠道的问题和解决思路基本一致，但是由于承载信息量和交互方式不同，使得其在形式上有所差异。机器人统一运营平台通过智能服务引擎驱动不同渠道的智能流程，以统一的产品形态落地。

2. 语音智能门户的运营

相比于动态IVR系统的配置化管理，智能语音门户的运营与在线智能门户一样，有了更多的手段和工具，能够解决更多问题。不过，在运营中要注意关注IVR的路由体验和交互简便性，不要为了解决问题反而拦截了用户。

3. 语音渠道常见的两大误区和应对方法

误区一：在语音渠道过于追求智能解决，忽略用户体验

尤其是进入动态IVR建设阶段，人工可以快速、灵活地干预IVR的流程设计，同时业务运营人员还需要考虑服务速度和接起率等，如此一来，很容易陷入过于依赖智能客服的误区。

之所以是误区，有以下两个核心原因。

❶ 在线渠道可承载更丰富的交互方式，用户的问题大多也发生在在线渠道，但仍然有很多人会选择以电话沟通的方式来解决问题。这里就要通过数据来区分，到底是用户自己摒弃在线渠道，只喜欢电话渠道，还是在线渠道的设计存在缺陷。大量的分析和结果显示，第二种原因占大多数。

❷ IVR是一个ROI(投资回报率)更低、挑战更大的渠道。作为一个更局限、更单一的交互方式，用户对其的容忍度非常低，远低于在线渠道，所以在提升解决力的同时要兼顾用户体验。

其应对的方法有以下几种。

- 厘清IVR在服务体系内的定位，为不同的阶段设定不同的目标。
- 建立IVR完整的指标衡量体系，兼顾导航、解决、体验三个核心点，并且在资源上保证有运营人员对不同目标负责，如表4-3所示。

表 4-3　IVR 关键运营指标

目标	指标	定义
提高导航准确性	中继转出率	中继转出量 / 中继接起量
交汇体验快、短、准	迷失率	1- 自助率 - 转人工率（基础 IVR 暂无自助埋点）
	停留时长	从用户呼入到进入人工或挂断时，在 IVR 历经的总时长
	满意度	满意度：IVR 挂断后 4 星、5 星的评价量占比 不满意度：IVR 挂断后 1 星的评价量占比
交汇体验快、短、准	24 小时重复进线次数	24 小时内一个用户重复呼入的次数
	服务瑕疵率	在所有来电用户中，24 小时重复进线次数 >3，或转接次数 >2
降低转人工率	转人工率	用户听完 IVR 进入人工的数量 / 呼入量

- 建立失败服务历程复盘机制，IVR 能力越强，功能越多，维护和运营流程就越复杂，更是很难有人了解全貌，这时候，失败服务历程的复盘就很关键。

误区二：忽略语音渠道的埋点和路径串联

大型互联网公司，针对 App 端的埋点一般都有较标准的范式和方案，甚至有些借助通用工具自助快速埋点，而语音渠道基本以服务场景为主，埋点方案和埋点的重要性很容易被忽视和低估，这样，统一串联 IVR 流程，以及把 IVR 流程和其他服务流程串联的难度会非常大。

IVR 对数据的依赖性很强，埋点可算作一个技术领域的问题，作为业务人员要充分意识到数据的价值，并且驱动技术部门重视数据建设。以下简单介绍一种常用的埋点方案，将 IVR 流程分为用户端和服务端两个主体，记录两个主体不同的动作类别。

- 日志信息：标明日志本身的信息，确定上报的主体是用户还是系统。
- 动作信息：日志以每一个动作为最小统计单元。动作本身又分为用户动作和系统服务端动作。动作信息包括动作本身的标识，以及动作的背景和内容。
- 环境信息：通用的环境信息内容包括用户的标示信息、行为唯一标示、来源标示、版本标示等。
- 业务信息：每一个行为都拥有自己的业务信息和业务状态，这个模块会随着业务的精细运营逐步拓展，因此要预留空间。

4.7 智能满意度与人工满意度之间的差距来源

通过前面的介绍，我们了解了智能客服的三个价值：降低服务门槛、提升解决力和更易得的人工入口。在智能服务门户逐步开通多个场景之后，我们会观察到人工服务率有可能增加，这不是体验的下降，而是原来被压抑的需求被释放出来，使用户需求出现暂时的增长，其会随着解决率的变化逐渐好转。但是，追求智能解决率的提高，并不是为了节约成本，只有通过智能门户降低人工服务率，才能够真正节约成本。

智能解决率的提升有两个前提，第一是人工入口明显，第二是智能解决下的用户满意度明显低于人工客服处理的用户满意度。

提升智能客服的架构能力和解决能力是首要任务。在比较初级的问答机器人时代，智能客服一般按照知识库提供的答案来回答用户问题，更重视语义理解能力和知识聚类的能力。我们前面分析过这7种方法可以帮助我们不断将智能满意度提升、达到，甚至超过人工满意度。但是，在以下几种情况下，由机器人应答，用户就不愿接受，而由人工客服应答，用户就愿意接受。

❶ 智能客服没有接入足够多的信息，不能给用户满意的答案，只能给出泛化的回答。这说明员工通过利用培训、笔记、表格整理出的系统信息之外的东西提升了自身能力。企业投入信息不够，导致员工工作复杂度更高。

企业投入信息 + 员工工作复杂度 = 人工满意度

❷ 智能客服和人工客服给予的方案一样，可是用户却不满意。这说明员工用自己的语气、态度、努力赢得了用户的认同，帮助用户接受很多原本不一定认同的方案。

企业投入权限 + 员工情绪安抚 = 人工满意度

❸ 有些情况我们赋予客服的权限比较高，需要更谨慎地判断，因此不愿意将权限下放到智能客服，例如退款、赔付，我们要求人工拒绝三次之后再给予。这些看似很高的权限，最终改变了事情的本质，导致越有错误的事情，越要让用户等待。

企业投入赔付 + 员工技巧处理 = 人工满意度

我们发现，企业期待客服获得100%的解决率和更高的用户满意度，但是企业投入的信息、权限、流程能力非常有限，很难获得更高的用户满意度。智能满意度与人工满意度的差距，源自客服员工对信息的线下加工和服务技巧，即客服工作的复杂程度。

若要获得更好的智能满意度，我们应该推动流程、权限和资源的变化，也就是接入更多、更细致的信息，给予智能客服更简洁的权限，建设更流畅的内部工作流程和工单流转流程。这些将有助于企业提升智能客服的满意度，同时降低人工客服工作的难度。

4.8 关键运营机制

上文虽然强调了产品设计和技术能力对智能服务的贡献和驱动作用，然而目前人工智能技术在客服领域的应用还是依赖于运营，一方面，客服领域不像信息流、短视频推荐等模块有大规模的算法；另一方面，客服领域的数据积累和规模比较有限，以算法为辅、人工运营和产品设计为主。因此，不同公司在智能服务上的差别主要体现在运营和产品的差异，下面我们重点讲一讲智能运营。

数据是任何一个运营部门最重要、最基础的"弹药"，基于智能服务门户产品的设计方案及企业本身的业务特点，要自上向下设计智能服务运营的思路和报表，以在线服务为例，如图4-32所示。

图4-32 智能门户运营思路(样例)

我们可以看到在线智能服务门户的路径分布、转人工和不满意度等核心指标的差别，从宏观角度解释智能服务如何运转、运转效果如何。

基于这个思路，我们将智能服务运营拆解为服务易得、智能解决力、智能满意度和路由准确4大部分。

4.8.1 智能运营——服务易得

用户有需求时可以快速找到服务入口，可以通过整体PV(页面浏览量)、渠道交叉比例等指标衡量其效果。在服务易得性上，入口铺得越多，人工服务量会越大，但是用户体验会得到改善；同时，若智能客服的解决能力得到提升，转人工率会降低，人工服务量也会下降。但是，若在一个时间段里既有服务入口的增加，又有提升解决能力的项目上线，就很难分别评估上线效果。

无论是提升解决力，还是增加人工入口，均可提高人工服务率。因此，在每个版本上线后，要做好相关记录，记录下是通过以上哪种方式，提高了人工服务率。如果同时采用了以上两种方式，建议使用AB对比测试，分别观察产品效果。

4.8.2 智能运营——智能解决力

用户可以通过智能服务获得有效的解决方案，不需要转入人工操作。我们可以将转人工率作为最终的衡量指标。

智能客服的基本逻辑是：先识别问题，然后驱动正确的问题解决流程。在意图识别能力上，大家的差距不大，智能运营的重心是制订组织高效精准的解决方案。提升解决能力的关键是推动业务部门接入更多、更细致的信息，配置任务流引擎。

(1) 确定提升解决能力的基本路径

通过听取大量用户的通话录音、查看会话记录，我们发现，当前解决方案的通病是解答模糊，操作烦琐。用户更希望得到基于自身订单和问题提供的定制化解决方案。通过在一些业务上进行快速场景实验，将文本解决方案改为【完善的信息接入】+【使用组件完成任务】的模式，在单个场景上实现了转人工率降低30%，由此可见，要想提升解决能力，一是要引入业务数据，快速厘清用户问题；二是要通过拓展多轮和拟人功能，增强处理能力。

(2) 挖掘服务缺失的信息和操作能力，驱动业务团队接入

信息挖掘有两个难点：一是由于业务涉及用户、商家、骑手、司机等，所以无法同时盘点各类业务；二是散点的信息需求投入产出比低，无法争取到资源。运营人员可使用前面介绍的作战地图模板，将场景合并，选择投入产出比最大的项目进行推进，并利用项目管理的方法，形成项目清单，核算目标收益，从而获取业务线资源的支持。

(3) 驱动信息批量接入和复杂流程自定义配置

信息接入数量多，研发资源有限，会给海量信息的快速接入造成一定的困难。为了解决这个难题，应从运营角度提出配置化需求，利用信息配置化接入平台和Task流程配置台，信息接入和流程不再依赖开发排期，接入周期从3周缩短至3天，但是，这也改变了原有的对接方式，同时对直接使用者的能力提出了更高的要求。

4.8.3 智能运营——智能满意度

智能服务的满意度是一个非常复杂的命题，影响因素很多，同时作为运营指标来看，其并不灵敏，很难直接观测某个改动方案上线后的直接效果，本小节尽量将不同的影响因素拆解，给大家介绍一些思路。

❶ **按功能模块划分**：虽然智能满意度不能精准拆解到单个功能模块，但用户操作路径的复杂度对满意度有直接的影响，通过路径可以发现一些机会点。以图4-33所示的案例为例，可以将核心功能分为5个模块。

数字化 客服设计

❷ **从问题看影响**：不同的问题，用户的焦虑程度是不一样的。以某外卖平台的问题和数据为例，选取发生量级最高的20个问题，从问题看不满意度和转人工率的分布，用转人工率表示用户对该问题需求的刚性程度，用不满意度来表示该问题对用户的伤害程度，可以把问题分到4个象限，如图4-34所示。

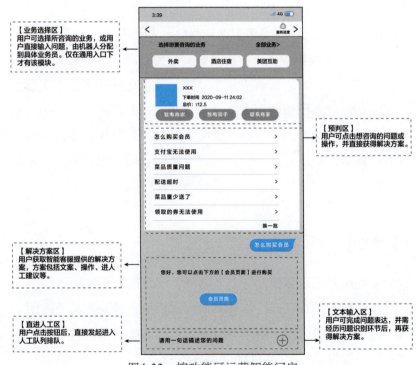

图4-33 按功能区运营智能门户

- 第一象限：投诉类，突破规则且无法满足。
- 第二象限：焦虑场景类。
- 第三象限：咨询类和操作类问题，这是智能客服最擅长的区域。

- 第四象限：风险类，建议此类问题由人工直接处理。

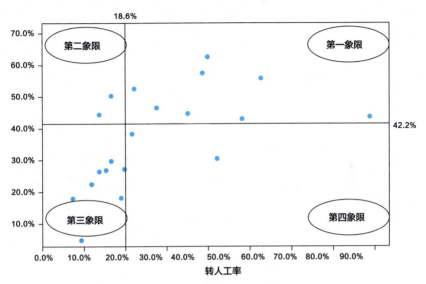

图4-34 发生量级最高的20个问题不满意度与转人工率的散点图

4.8.4 智能运营——路由准确

在不能满意解决的场景下，智能客服需要帮用户找到正确的人工技能组来完成服务。路由错误会导致需要再次转接，因此转接率是路由准确性的体现。运营人员根据不同问题路由到人工之后的转接率就可以做系统修正。同时，转接率也与某些业务的技能组划分是否科学有关，技能组有交叉或者范围不清楚，也会导致转接率过高。因此，路由原则和技能组划分最好由统一的部门负责维护。

第 5 章

人工解决环节

5.1 以共识为中心的解决流程——实时解决

5.2 以共识为中心的解决流程——迟滞处理

5.3 以共识为中心的解决流程——风险防范

5.4 如何提升人工解决力

5.5 人工处理流程的系统支撑

5.6 人工客服主流程(示例)

第 5 章 人工解决环节

在智能解决环节，我们理解了服务的普惠性，以及智能的在线门户与语音门户分别怎么解决问题。对于智能解决方案不能涵盖或者解决不了的问题，会进入到人工解决环节。如图5-1所示，人工解决环节包括路由排队、人工首轮处理、升级处理、评价等。人工客服能否快速、满意地处理好用户的问题，决定了用户在这次体验中的最终结果。人工客服是解决用户认知与产品设计之间的误差的最后机会。

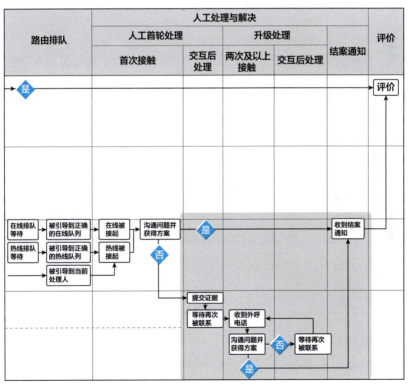

图5-1　人工解决环节示意图

在二十年的客服行业发展历程中，我们学习和实践了很多运营管理的方法,包括文化管理、流程管理、知识库管理、质量管理、人员管理等,以解决用户问题。本章聚焦质量管理,探讨什么样的流程和管理方式能够最大限度地解决用户问题。

5.1 以共识为中心的解决流程 ——实时解决

经历过运营管理的迭代更新,客服已经不再像过去那样随意地交付结果,而是通过规范化的流程管理实现一致性的交付;并且在用户需求不断变化的今天,努力实现"千人千面"的以用户为中心的交付。

然而,管理手段却不尽如人意。越有个案,我们越会修正流程,越会修订质检标准,越会强调培训,流程会越来越细致,当然,流程范围外的事情也越来越多。后来,有人发明了"职责切割法",可以通过让大量员工快速上线或者外包的方式做一线处理,仅仅解决类似知识库问答的简单问题,复杂一点的就升级到二线处理,好像二线客服手里有秘籍一样。

但是,人为地把一个顺畅的解决过程切割成两段暴露出一个问题,即问题越严重的用户,需要等待的时间越久。这种用流程一步步牵着员工回答问题的管理手段,具有以下几个明显的特征。

❶ 流程和知识点的数量巨大。每个细分的业务可能都面临几百个知识点和小流程。

第 5 章　人工解决环节

❷ 流程的变动多。当出现新的事情,往往要增加新的流程和知识点。由于频繁变动,流程之间会存在不一致。一个退款方式变了,可能涉及20个流程要变,但是有些不常用的就被忽略了。

❸ 流程中的规定细则往往是判断条件,而不是工作方法。如图5-2展示的就是比较常见的流程。在这种情况下,不走到最后,我们往往不能给用户一个"准话",在整个过程中无法做到让用户心中有数。

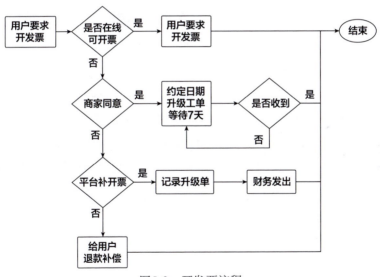

图5-2　开发票流程

❹ 采用流程框图的表示方式。员工在执行流程的时候,往往更聚焦于判断条件,而不是沟通内容和方法;在应用不同的解决手段时更注重于串行,而不思考可以通过并

行节约用户时间。同时，是否升级是由流程决定的，与用户的体验和反应无关。

❺ 需要不断地细化质检标准。随着业务的推进，员工发现用户反馈的满意度还不如质检扣分的惩罚大，大家对过程细节的关注程度，远远超过了结果。我曾参与过某质检校准会，用了一个小时来统一"什么是可接受的普通话语素""某个儿化音该不该说"等。

这样的"查字典管理"的方式，让我们更加重视"和规范一致"，而忽略了"用户要什么"。我在复盘糟糕的用户投诉的时候，经常听到每一位员工和管理者做得都合乎规范，只是我们需要"加强用户意识""流程要人性化"的说法。那么，我们如何突破这种顺着流程走，却离用户满意越来越远的现状呢？

站在用户的角度思考，用户在与人工客服交流的过程中，诉求是什么？绝大部分用户的诉求是情绪缓解和解决问题，或者看到解决问题的机会，而不仅仅是需要赔款，或者想要骂人。在研究了大量用户不满与各种表现的相关性之后，我们发现现有流程与解决问题的真实过程不同。其中最大的区别就是：流程是从头到尾线性推进的，而解决问题的过程是循环交互的。

我们建议制定一个独立于目前几百个流程和知识点之上的客服人工主流程，把流程的核心模块修正为基于共识的环形解决过程，如图5-3所示。

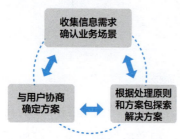

图5-3 以共识为中心的解决方案

要想"共识环"能够循环起来，并最终解决问题，需做到以下三个影响用户感受的关键要素：需求追原因、方案求共识、流转有交代。

5.1.1 需求追原因——同理心建立

用户的一次交互，往往是以要干什么或者抱怨开始的，然而未必表达了他的真实意愿和面临的场景。例如，我们往往在咨询的开始，听到用户表达"我要取消！""我要投诉员工！"然后，员工就按照用户需求帮他把事情办好了，可是用户仍不满意。这是为什么呢？

有这么一起用户投诉，用户需求记录的是"用户要求退款，原因是送餐延迟"，于是，客服理所应当地帮用户办理退款。用户反而更生气了，再次投诉，主管处理的时候推测："难道我们处理得不主动啊，这样，我赔付您5元红包吧！啊？您还是不满意，要么赔付50元？"就这样，一个简单的问题，不断被升级，客服的感受是我其实已经步步退让，而用户的感受是"这就不是几块钱的事儿！"最终，我们也不知道这位用户当时是希望我们赶紧把餐送到家，还是要退款；没有人关心用户的午餐到底是怎么解决的，而用户的情绪就在这个过程中被激化了。

当用户表达的是情绪、动作或者命令的时候，我们要理解用户一定是遇到了什么事情。在当时的场景下，我们从被动满足的流程角度上去延伸，做什么都很难让用户开心。如果有一句简单的追问："那么您是遇到了什么事情需要取消订单呢？"就可以得到用户需求背后的这些原因(见表5-1)，由此思考"取消，是不是最好的方案呢？"

表 5-1 需求追原因（表达的背后）

	用户表达	解决方案	用户感受
1	"订个餐已经等了两个小时了，气死我了，你给我取消了吧！"	取消订单	我很饿
2	"你们这个破酒店怎么回事，温泉离更衣室还有500米，我不要了。"	取消订单	一家人在前台不知所措
3	"我站在雨里等这个司机等了20分钟，结果他就在马路对面开过去不停车，现在要取消！"	取消订单	所以呢，我再等20分钟吗
4	"我要投诉上一个员工的工作态度！我站在景区门口等了30分钟了，还是不能进去，他怎么给我处理的问题？"	记录员工投诉	我还在景区门口

我们每天处理十几万个人工咨询，用户的情绪和诉求千差万别；但是围绕着产品体验历程，用户可能遇到的场景是有限的。需求追原因的目的，是把我们收到的不同需求，归纳整理到相应的场景中，如用户行程有变、订单履约有问题、用户无法入园等。

这些场景是用户真实遇到的事情，遇到之后用户想出一个解决方案，但是未必是当前条件下最好的方案。而且我们按照要求执行这个方案的时候，又会发现在实施方案时存在很多困难，最终可能与用户体验渐行渐远了。例如，前面表中的第4个问题，我们给她记录了员工投诉，之后认真听录音，核查是不是员工态度有问题；然而事实上，用户的真正目的是我还在景区门口，到底怎么进去。

因此，在着手解决之前，我们要通过倾听和结构化的提问，找到用户需求背后的原因。了解到原因的时候，客服要对这个理由有接纳和包容的心态，这才是同理心的体现。客服要能够真正理解到用户在这样的场景下产生这样的需求，合理的逻辑是什么。理解了这些之后,说出来的"我理解您的感受"才是真正的同理心,才有机会帮助用户找到有效的解决方案。

例如用户说要退款,追问原因是为了考研预订了酒店,可是考研的地点变了,酒店却不肯退款。这时候员工要理解到用户要求退款的合理性,才有机会帮用户寻找方案。否则,员工看到订单条款就回复用户"可是您这张订单不能退款",则不算作提供有用的服务。

综上,"需求追原因"的两个目的:第一是找到用户的场景和真实的诉求;第二是建立起真正的同理心,理解用户的逻辑。只有这样,才能为寻找方案奠定基础。

5.1.2 方案求共识——解决目标建立

目前,客服大多基于流程来解决用户问题,让用户在每个判断框上选择是或否,只有在表达很多次"不同意"后,才能得到满足自己需求的解决方案。这看起来是为了减少退款和赔付,但是用户感受到的是讨价还价,客服更是没有识别用户情绪的自主意识。因此,我们希望跳出这种流程,让客服在多种解决方案中做出判断和选择,并且与用户达成共识。

具体的方式是在通话或者交流的过程中,客服要理解用户的场景和需求背后的原因,并且在众多方案中选出最适合该用户的方案,主动与用户达成共识。在这种探索式的询问和确认的过程中,客服会与用户建立良好的信任关系。

客服给出的"方案"包括解决类方案、协商类方案、流转类方案、获取信息类方案4类,如图5-4所示。

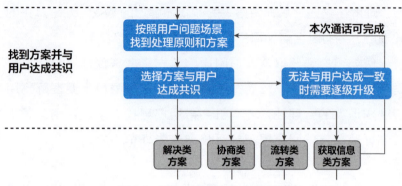

图5-4 实时沟通中4种方案类型

❶ 解决类方案，是指当时就解决了问题，达成了共识，可以直接结束工单。

❷ 协商类方案，是指客服与用户对某种或者某几种解决办法达成了共识，但是需要与第三方协商。客服要等协商结果再决定后面怎么做。

❸ 流转类方案，是指有可能要转接到其他的队列，或者交给迟滞业务团队继续处理，处理的责任人会发生变化。

❹ 获取信息类方案，是指目前用户提供的信息不足以判断问题，因此需要用户再提供一些照片、视频、证明等内容。这类信息可以让用户在智能门户的"工单进度"中直接提交，或者发送短信让用户进入一个单独的页面来提交。

在流转发生的时候，由于用户需要被动等待一段时间，应得到用户的同意。

另外，在方案共识阶段，不建议把不共识归为"特殊需求""非企业原因"等，然后关单。这样做会带来以下弊端。

❶ 企业将损失听到用户真实声音的机会，客服本就应该负责纠正产品设计与用户认知之间的误差，在处理的时候仍旧保留着这个误差，就没有达到目的；相反地，其他企业听到这些声音，并且做出改变，就会在竞争中比我们跑得更快；

❷ 会有越来越多的类似的工单被关闭。因为员工和主管会逐渐失去"与用户取得共识"的意愿和能力，久而久之就变成了告知式服务，而不是体谅式服务。

因此，我们强调员工要在不能达成共识的时候通过升级和申请辅导的方式来寻求帮助，而不要粗暴关单。

方案求共识阶段，是服务交互中最重要的阶段，无论能否在第一次交互时给出最终解决方案，都要达成这一次的共识结果，后面的流程也都要为之努力。因此，一线员工并不是技能和权利最小的员工群体，因为第一次对问题的判断和解决方案的方向，对整个事件的解决至关重要。

5.1.3　流转有交代——启动一个闭环

我们谈到了以共识环为基础的工作思路，客服不一定能够通过一次交互完成对所有方案的探索工作，后续需要跟踪处理。我们需要在启动下一步进程的时候，给用户一个明确的"交代"，并且取得用户的认同，如图5-5所示。

数字化 客服设计

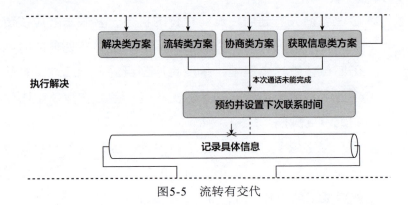

图5-5 流转有交代

如果通话中提供了解决类方案，交代的主要是即将发生的时间和内容，也就是用户可以在何时、何处查看什么结果，并且记得邀请用户查看"服务进度"。

> 您的退款会在明天退回到您的个人支付账户中，您可以查看一下金额为×××元。如果有问题，您可以在客服门户右上角找到一个服务进度的小图标，在那里可以查看处理过程和反馈意见。

获取信息类方案，需要与用户约定提交信息的方式、时间点及提交之后从哪里追踪结果，建议使用"智能门户"中的服务进度功能。

> 通过应用程序，可进入相关页面，在页面右上角可看到一个服务进度的图标，点击该图标，按提示上传拍摄的照片，建议您今天上传；我们会在两个小时内进行处理，如果有问题，我的同事会给您留言或者打电话。(通过"服务进度"页面进行指引)

对于流转类解决方案，实时的流转一定要等到对方接通并且明确转接的责任，避免再次转交。下面的案例展示了在转接的时候可能发生的几种情况。由此可见，只要我们想解决，就一定有可能找到一个方法来衔接好，而不是简单地把用户"扔"到另一个队列。

> ① 您遇到的这个问题是另外一个业务的范围，我把您的电话转接过去，跟她交代清楚，请她为您服务，您看可以吗？
> ② 现在电话排队，我给您记录一张工单转接过去，30分钟之内会有人打电话给您，可以吗？
> ③ 嗯，我已知晓您的问题。您要办理的业务等待时间较长，我认为，这个问题不太复杂，您可以打开自己的App，我通过智能服务帮助您解决问题，可以吗？

另一种流转方案是升级给其他人来做后续的跟进，这时候就要约定好联系用户的时间和方式，并且记录好信息，避免其他同事接到用户再次来电的时候不知道如何回答。记得约定的联系时间要具备可行性，特别是约定给别人的，一定要尽量符合约定的规范，例如非紧急问题一小时内联系。记住，在第一次就说清楚比承诺不能兑现要强得多。同时，必须要升级的问题，也要尽量在这通电话中收集到合理的信息，例如，请用户上传照片，或者请用户提供退款账号，等等。

> ① 我理解您认为自己遇到了变价问题，可是您无法提供截屏。不过没关系，我已经帮您发工单核实当时的后台信息，4个小时之后我们看一下记录就能知道。如果发现确实变价了，我的同事会直接将差价退回给您，您看可以吗？如果有其他问题，我会再打电话联系您。

数字化 客服设计

② 我理解您焦急的心情。我发起了申请，系统会直接外呼酒店的预订部，敦促他们帮您解决，然后我记录一张工单，请跟进的同事专门解决您的房间问题好吗？15分钟之内会有进一步的反馈消息，您注意接听电话。

③ 您担心没有人联系您是吗？这样，如果15分钟之后没人联系您的话，您无论是自己找酒店还是在酒店原地升级房间，我们都会补偿您差价的，请您放心。

根据经验，一线客服大约会有20%的工单需要做后续跟进，因此需要与用户建立一个可以随时查询和更新信息的"联络点"，避免用户产生焦虑或者反复来电。我们暂时用"统一信息板"来代表这个联络点。同时，信息板也会提醒后面跟进的同事，尽量通过阅读和查看操作记录来了解用户需求和已经达成的共识，不要反复打扰用户。

因为一张升级的工单，可能会有用户、一线员工、专家员工等多个角色需要查看和补充信息，但是在用户拨打电话的时候接听的不是处理人员，而是一线的客服员工，处理人员联络用户的时候不一定能找到用户，就会出现多次重复联络而无法推进。因此，需要如图5-6所示的信息共享的"信息板"，在需要查看信息、补充信息的时候都可以在"信息板"中操作。图5-7展示的就是在智能客服门户中的"服务进度"页面，它起到了"信息板"的功能。

第 5 章　人工解决环节

图5-6　共享信息示意图　　图5-7　服务进度示意图

❶ 用户需要上传信息的时候，无须再次来电，只需在此反馈，即可触达处理人；也可以使用信息板的上传功能，上传多媒体的信息。

❷ 处理人需要外呼用户以确认解决方案或者要求补充一些信息，但是电话不通的时候，可以使用信息板把需要提交的内容或者方案告知用户，并且可以通过信息板约定下次联系时间。

❸ 用户再次来电询问进展的时候，接听电话的客服往往不是最初的工单处理人，容易出现反复来电的情况。通过记录工单进度，客服可以直接告知用户当前的进度，以及需要用户提供的内容，无须约定下次联系的时间，减

少了重复联络。

❹ 用户使用员工建议的方案并没有解决问题,需要重新反馈问题或者表达不满时,也可以通过信息板反馈,工单会重开并进入迟滞业务处理的队列中。

这些沟通如果在一个没有共享信息板的服务流程中,需要反复拨打,并且难以形成有效的沟通。有一个可以多方共享的信息板,就可以很大程度上解决这类问题,提升用户体验。

以上就是我们在第一次服务交互中需要关注的三个要点:需要追原因、方案求共识、流转有交代。通过这三个步骤,借助便捷的通信方式(三方通话、即时短信、同事之间IM①交流),客服在第一次服务交互中解决问题的概率会越来越大。不过,仍旧有10%~25%的情况,需要通过后续跟进来解决问题。

5.2 以共识为中心的解决流程——迟滞处理

5.2.1 首问负责还是分层解决

工单记录生成以后,到底是由接到问题的员工进行处理更合理,还是及时转交下一层处理更合理呢?

首问负责强调的是负责到底,解决了责任转交过程中的方案

---

① IM:即时通讯(instant messaging,简称IM)是一个终端服务,允许两人或多人使用网络即时地传递文字讯息、档案、语音与视频交流。

偏差和用户反复叙述问题的困扰，遇到的问题主要是技能问题和效率问题。因此，其不适合大规模应用。

分层解决有助于提高一线员工的工作效率，但是容易产生推诿扯皮和用户重复表达等问题。

有一种管理方式是"按问题类型"进行分层处理，值得借鉴。对于某类问题，应采取首问负责的方式，一线员工接到问题后及时跟进，并处理完成。处理这类问题时，应将所有权限交给一线员工，无须升级到专家组，如催餐、司机不来接我、到店不接待等。

对于一些长链条的跟进问题，例如商家退出流程，申请开发票，对不合格的商品、商家、个人的处罚判定等场景，最好是转接到二线处理。这些场景只要记录清晰，约定时间规范，通过转接是完全可以跟进到位的。

这种根据问题性质制定的升级原则，能最大可能地保证用户的效率和体验，同时避免因一线员工倒班时跟进工单不及时而造成的困扰，是实践中比较合理和高效的处理方式。

5.2.2 先进先出还是按时间目标倒计时

按照上面的处理原则，那些挂断电话后马上跟进处理的业务，基本上会在30分钟之内处理完成。本节中所讲的"迟滞业务"，是指30分钟内没有跟进完成的工单，包括升级到二线、专家和专门小组的工单，以及用户在智能门户中提交的非紧急工单，等等。

所有这些工单，在安排处理时需要体现服务的公平性和对紧急情况的兼顾，因此，建议采取以下排序原则。

❶ 按照先进先出的原则来分配工单。

❷ 优先处理紧急工单，并按照距离约定的解决时间的长短来排序。紧急工单是指用户遇到紧急情况，需要尽快和快速处理的工单，如正在酒店前台的、正在景区门口的、正在等待司机来接的、正在机场要起飞的用户等。紧急工单还包括非紧急工单的积压导致临近约定解决时间的工单，需要客服尽快联系。

由于迟滞工单的处理方式是处理动作和等待结果交错发生，一名员工同时可以兼顾多张工单，因此在自己的工单列表中，也需要有一个排序原则，如图5-8所示。

> **1. 库内工单依次考虑：**
> ① 紧急工单及时处理；
> ② 准时联络用户(承诺兑现)；
> ③ 重复催单次数(用户费力)；
> ④ 工单及时结案(积压)。
>
> **2. 离岗前避免用户无效催单，如：**
> ① 在上岗时规划好离岗时间，约定时间时应避免发生离岗时恰好有用户来电；
> ② 出现必须交接的工单，在信息板上交接好处理进度和需要收集的信息。

图5-8 迟滞工单的排序和选单

与实时工单相比，升级工单往往是情况更复杂、或者追踪周期更长的工单，而且专家组的处理方案代表着最终方案，体现了企业对用户问题的态度。在跟踪处理的过程中，还应注意以下三点：

(1) 紧急要并行

一旦遇到紧急问题，要争分夺秒找到能够最快解决问题的处理方式。这个时候，并行的方案可以减少用户等待的时间。

(2) 承诺要兜底

在专家环节，客服员工有着更多的时间来思考和探索解决方案，基于更充分的信息和多方面的态度，有可能找到新的方案。不过专家处理过程中要特别注意，前面的处理过程中用户已经得到过一些解决方法和承诺时间，这些是我们在提供新方案的时候需要兼顾到的。新的方案不能比旧方案更糟糕，要注意承诺兑现。无论承诺的是处理方法、金额，还是回复时间，未兑现承诺都是处理问题中的大忌。这会将原来期待问题解决的用户情绪，直接转化为针对处理态度的情绪，再想达成共识就更困难了。

(3) 件件有闭环

如图5-9所示，要做到当下闭环，一次服务的结束必须得到用户的反馈才算是闭环。

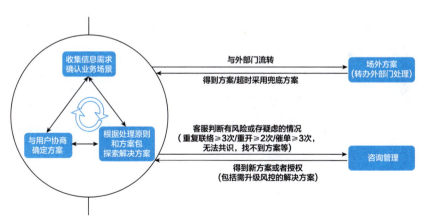

图5-9 迟滞工单的处理原则

如果需要流转到其他部门，要有流程延伸出去的流转闭环，否则就会流于形式。例如，商户反映销售人员对自己态度恶劣，客服收集证据之后将工单流转给销售管理部门,但不能就此结束了。要通过系统或者人工的方式,在约定的时间里,追回结果,并且与商户确认他是否认可。

无论是智能客服、人工实时业务,还是人工迟滞业务,员工或者系统在接收到服务请求的时候,先要判断这是不是一个"风险问题"。若是风险问题,则不仅仅要解决问题,还要维系用户的财务安全等,需要由单独的风控模块来承接。

以共识为中心的解决流程 ——风险防范

客服的风控系统是公司风险体系的第一道关口,主要的责任是发现风险,处理好各级别风险,避免造成危机;同时,在有危机风险的时候,第一时间联动公司资源妥善处理,避免危机升级。风控团队的主要工作是:减少危机事件的产生,将风险事件在萌芽中处理好;在有限的资源下,保证高优先级的风险能够得到及时的响应和有效的解决,减轻风险事件对用户和公司的影响。

客服的风控系统包括提前对风险的定义、风险发现、风险处理和闭环改进4个环节。最终实现风险特征提前登记、风险智能识别、集中处理、危机联动、问题闭环改善。对于整个体系的衡量指标包括:风险策略识别纯度、风险发生率、及时响应率、平均处理时长、准时结案率、处理满意度／不满意度、风险工单重开率等。

 5.3.1 风险定义与识别

从经验上看，公司遇到风险问题的来源主要是风险场景、用户身份、特殊渠道、服务瑕疵这4个维度，如表5-2所示。

表 5-2 风险定义的维度

风险分级	监控维度			
	事件	联络人	用户	服务过程
重大紧急	• 人身安全：失联、猝死、自杀、意外死亡 • 违法犯罪：故意伤人、绑架、强奸、猥亵、性骚扰、性侵 • 交通安全：车祸重伤、死亡、醉驾、毒驾等严重影响公共及人身安全的行为 • 食品安全：食物中毒死亡、恶意投毒	警方	明星用户	24小时内来电N次以上 1小时内来电N次以上 同一工单被联络N次以上 同一工单被重开N次以上
特级	• 财产安全：偷盗、诈骗、隐私泄露 • 违法犯罪：打架斗殴、携带管制刀具、抢劫、涉赌、涉毒 • 食品安全：食用后身体不适、骑手偷吃 • 交通安全：轻微伤、无证驾驶、酒驾 • 敏感事件：身份信息被盗、隐私泄露	媒体政府	VIP用户	48小时内来电N次以上 超72小时未处理 24小时内一个电话转接N次以上 商品、商家、服务者被投诉聚类N次

(续表)

风险分级	监控维度			
	事件	联络人	用户	服务过程
紧急	• 行政违规：证照不符、资质不全、辱骂用户交通安全：驾照过期、驾照吊销 • 食品安全：食物不新鲜、烹饪问题、餐品溢出餐箱、骑手个人卫生问题	用户	疑似职业投诉人	同一工单被联络2次以上 同一工单被重开1次以上 24小时内一个电话转接3次以上 商品、商家、服务者被投诉聚类N次

风险定义是指将能够提前预知的、容易引发风险的场景和特点定义在风控系统中，由系统做静默跟踪和主动服务。无论是从用户视角、使用场景还是服务过程中，都可以定义很多项风险的预警条件，我们叫作"风险ID"。

将用户和使用过程两部分进行组合，在有算法支持的情况下计算出动态的风险指数(若无算法支持，则对用户与使用过程分别制定级别，并进行排列组合)，根据风险指数及排列组合结果，采取不同的主动服务策略。

5.3.2 风险处置

风险处置的第一原则是速度和决断。每一次升级的目的都是更快和更好地解决问题，风控团队作为客服的最后一道防线，也必须根据情况提供实时接入和迟滞处理两种转入模式。

对于紧急风险，由风控实时处理团队实时处理，例如涉及用户人身安全的事件，通过多次联系无法解决的事件，或者其他类似的紧急事件，我们不能告诉用户15分钟之后再回复给他，

第 5 章　人工解决环节

必须实时接起解决。

对于非紧急风险，由风控二线团队迟滞处理，目标是做到95%的事件在15分钟内响应。

对于高危场景，由专业的高危投诉团队介入处理。

在风控环节中，还要注意以下几个解决力的要点。

1. 随时有第二方案

风控处理是客服处理问题中最艰难也是最重要的环节，往往要跳出规则逻辑，接纳一些不同的思路和要求。因此，风控处理人员在协商方案时要永远有第二方案，而且第二方案要有决断权利，才能及时准确地解决问题。

2. 联动中的主动和被动

在风险处理中，一旦发现有发生危机的可能性，风控团队就要积极联动公司的各个部门。在联动中要注意主动推动决策和判断的产生，并且要有时间意识和兜底意识。

同时也有需要被动的情况，即一旦小组决策为由其他部门主责推进事件，客服仅承担联络用户和汇报反馈的职责，要服从安排，不要打乱整体部署。但是，在联络的情感沟通和寻求共识时仍旧要保持主动，不能因为由别人负责，自己的谈判能力和用户意识就消失了。

图5-10是风控处理原则图。

3. 闭环改善

从风险发生闭环改善上，针对单个事件，会进行处罚和管控；在共性问题的发掘方面，针对极差案例的曝光与投诉、服务瑕疵率，要建立日常闭环优化机制；在推动改善的同时适时对风险防控策略进行迭代。

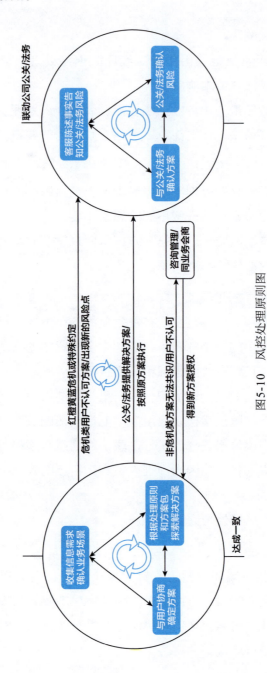

图 5-10 风控处理原则图

5.3.3 基于解决力流程的知识结构

根据上文主流程中服务过程的描述，在解决问题的过程中，我们不再鼓励员工按照以往的线性的流程判断去解决问题，而是在共识环中协商解决问题。其核心步骤是确定用户场景、找到处理原则和可行的方案包、选择方案。因此，新的业务知识结构中的要素包括用户场景、处理原则、方案包、方案明细等，如图5-11所示。

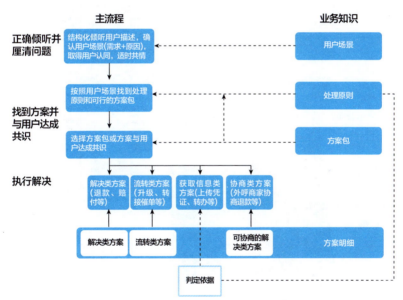

图5-11　主流程与业务知识调用关系示意图

对照主流程中用户问题处理的关键步骤，提炼出业务知识要素，将用户问题处理思路与知识需求对应，如图5-12所示。处理的思考过程可分为定位用户问题场景，挖掘原因、诉求，判定，确认解决方案4个步骤。

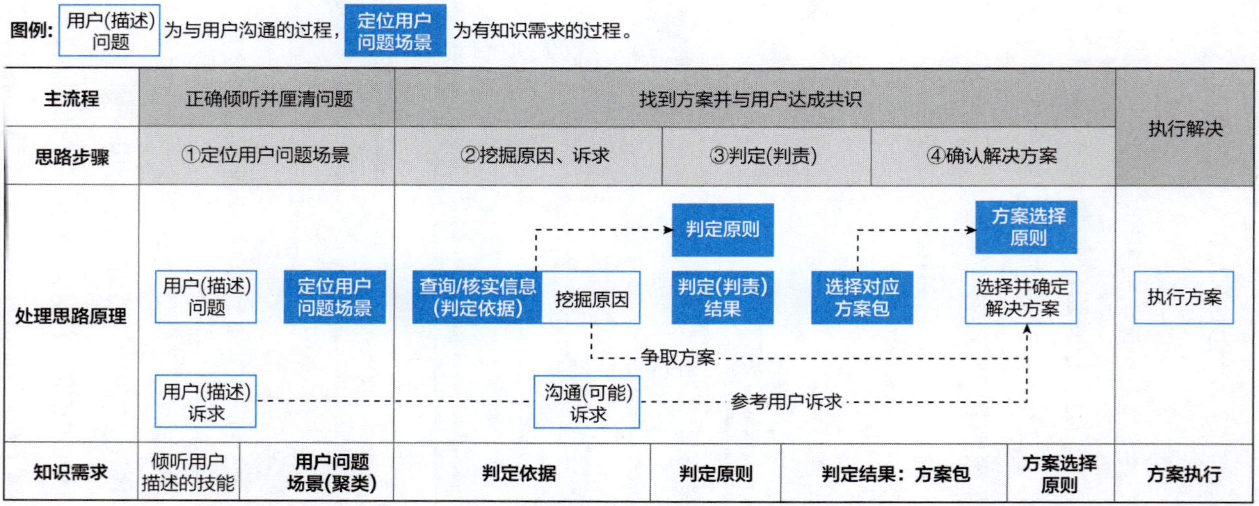

数字化 **客服设计**

图例： 用户(描述)问题 为与用户沟通的过程。 定位用户问题场景 为有知识需求的过程。

主流程	正确倾听并重清问题		挖到方案并与用户达成共识		执行解决
思路步骤	①定位用户问题场景	②挖掘原因、诉求	③判定(判责)	④确认解决方案	
处理思路原理	定位用户问题场景	查询/核实信息(判定依据) 挖掘原因	判定原则 判定(判责)结果	方案选择原则 选择对应方案包 选择并确定解决方案	执行方案
	用户(描述)问题 用户(描述)诉求	沟通(可能)诉求	争取方案	参考用户诉求	
	用户问题场景(聚类)	**判定依据**	**判定原则**	**判定结果：方案包**	**方案选择原则**
知识需求	倾听用户描述的技能				**方案执行**

图5-12　用户问题处理思路原理图

5.3.4 业务知识规范

1. 用户问题场景及聚类模块

用户问题场景指"用户因为什么发生了什么,想要干什么",包含用户问题、用户问题的原因及用户诉求。

其中包含以下几点要求:

❶ 用户问题场景包含用户问题、用户问题的原因及用户诉求,单一用户问题需要进行场景及诉求的完整维护;

❷ 用户问题场景的编写需要来自真实的用户声音,根据真实用户声音进行如实的陈述,不可编撰、虚拟、随意描述;

❸ 用户问题场景的编写需要审核,确保用户问题能与业务发展相匹配,用户场景为当前阶段真实存在的场景。

2. 处理原则模块

处理原则,是用来指导客服理解并判断一个用户场景中用户需求的合理程度,找到相关的方案包并选择方案。

示例模板,如图5-13所示。

判定依据(必要)	判定(处理)原则(必要)
罗列出业务属性下可以适用于判责使用的必要依据,并通过案例的形式补充说明 例: 通过用户来电或在线会话中的沟通情况,提炼用户问题中的关键信息,根据关键信息来进行有效的责任方界定,通常应用于用户责任的判定	根据业务的单体流程罗列出业务下判责的处理原则,判责的处理原则需要对员工的判责起到指导性作用 例: 相信用户及商家描述表达的关键信息。当用户表达的信息能够直接进行判定为用户引起的场景时,可直接判定为用户责任;当商家表达的信息与用户反馈的客诉场景一致,且明确承认时,可直接判定为非用户责任

图5-13 处理原则示意图

3. 方案包

方案包，是指客服处理用户问题的时候解决方案的集合。

示例模板，如图5-14所示。

业务解决方案包分类（必要）	业务解决方案包（必要）
通过业务自行判断方案包的分类组合，确认方案包的分类逻辑并设定方案包的名称 例： ● 分类一：用户责任方案包、非用户责任方案包 ● 分类二：入住解决方案包、退改解决方案包、咨询解决方案包、赔付解决方案包	根据确定的方案包名称罗列具体的解决方案，解决方案尽可能全面 例： 赔付解决方案包括直接赔付、补偿实际损失、安抚性补偿、酒店抵用券等

图5-14　方案包示意图

4. 方案明细

业务解决方案明细，是指业务解决方案的具体说明、操作、执行及注意事项，便于员工方案执行的操作手册。

其具有以下几点要求：

❶ 业务解决方案需要包含方案的使用说明、方案的具体操作说明、方案的注意事项等；

❷ 业务解决方案需要保持方案的唯一性，需要独立运营，方案下的详细内容不可重复；

❸ 业务解决方案需要根据业务的实际情况实时更新，无法执行的方案要及时下线。

示例模板，如图5-15所示。

业务解决方案明细
解决方案明细中需要重点写清楚方案的使用说明(必要)、方案的具体操作说明(必要)、方案的补充说明(非必要)、方案的注意事项(非必要)

图5-15　方案明细示意图

案例：新模式流程对人工客服工作的帮助

2020年，某公司针对100名左右的新员工进行了新模式流程和知识库的相关培训和试点。与原模式服务流程对比，其主要有以下几点变化。

1. 新模式流程要求人工客服更关注解决用户问题、使用户满意，而不是简单地走完流程

❶ 服务关注点发生变化。引导流程设计、培训、交付座席、质检相关人员的关注点从原模式的"关注流程路径及流程执行"转为"关注用户问题的解决和用户满意"。新模式流程的起点为用户问题场景，通过问题聚类、业务场景定位、责任判定，以"方案包"作为流程终点，以"用户满意"为标准，灵活调用方案包，提供被用户认可和全用户满意的方案。

❷ 用户体验得到改善。主要体现在：用户反馈满意度、用户费力度有显著改善；座席处理效率大幅提升；员工在了解用户问题场景、分析原因及挖掘诉求方面表现突出，对于复杂场景的处理，也表现得较优秀。

经过新流程培训后，用户满意度上涨12.1%，平均联络次数较同期学员下降0.2，平均结案时长较同期学员缩短0.64分钟(同比缩短56.4%)，升级率较同期学员降低9.6%。

2. 新模式流程通过模块化的方式简化流程，降低流程设计、培训和维护的费力度

流程复杂程度发生变化。主要体现在：新模式流程将所有用户问题场景聚类的处理过程整合为定位用户问题(聚类)、确定业务场景、问题判责、方案包选取4个模块；将原模式几百个处理流程简化为几十个"用户问题场景聚类+判责原则+几类方案包"的模式。这种模式具有以下的几个特点：

❶ **流程设计费力度降低**：在流程运营方面，单用户场景流程调整量将大幅减少，仅通过调整和完善用户场景聚类模块、调整方案模块内容和根据业务规则调整必要的判责原则即可，设计和运营难度降低；流程设计人员的工作重心调整为关注用户服务体验，着力开展服务开发工作。

❷ **服务培训重心调整**：增加挖掘问题根因及诉求、争取方案确认等软技能课程；在新模式下服务培训工作中心由"讲解处理路径"变化为"服务技巧"课程，全场景培训中练习课时占比由29%上升到35%，培训更侧重于服务场景的演习，提高员工的服务技能。

❸ **质检重心调整**：质检工作的重心由目前的流程执行检查调整为对各流程模块的使用规则、场景定位等环节的关注，同时探索建立用户满意服务评价模型，关注如何解决用户的问题及了解用户配置情况。

❹ **人工客服工作模式调整**：新模式流程要求人工客服理解用户问题场景和问题解决原则，改变原模式人工客服完全依托流程路径生硬提供服务的形式。

- **员工体验改善**：在新模式下，流程简洁清晰，可读性强，辨识度好，有利于员工记住流程，灵活运用；同时，组织员工进行培训，如提高谈判技巧、夯实相关知识等。

综上，新的客服流程，需要新的结构化知识库的支撑，同时需要质检、培训的变革；试点的结果证明其有利于用户体验的提升和员工体验的改善。

如何提升人工解决力

用户找客服的目标是解决问题，如：延迟的配送能马上上门，雨中等不到的网约车能立即出现，到酒店前台不能入住的能够立即入住，饭店不能接待的能马上接待，开不了发票的能拿到发票，等等。然而，受到客观环境和公司权限的影响，客服无法解决所有问题。这也是客服和用户之间最容易产生情绪汇聚的原因，用户的心里话是"我什么都不要，我要马上有车来接我"，客服的心里话是"我什么都干不了，我只能说对不起"。因此，我们需要厘清客服应该解决什么问题，以及如何解决好这些问题。

5.4.1 三个解决问题的程度

客服的职责与医生的职责类似，即有时能治愈、常常有缓解、总是有安慰。客服要主动接待每一位有疑虑的用户,在了解清楚场景的基础上,尝试用各种方式真正地解决问题。解决包括以下三个程度。

1. 彻底地解决问题

客服能够真正地理解用户诉求,并且通过协商和寻找方案实现诉求。通过努力地沟通,最终取得用户的认可。这个解决有可能是常规性质的解决,例如帮助用户协调到房间,协调到最近的司机来接到用户,说服商家接待用户等;也包括不常规、但是有效果的方案,下面的案例就是其中的一起。

案例一:客服人员帮助用户热餐(见图5-16)

在一个糟糕的雨天,有位用户打来了一通退单电话,接起电话的是刚刚上岗不久的新客服员工,他询问用户退单的原因,原来这位用户是一位哺乳期的母亲,由于外卖订单已经超时很久,担心餐会凉掉,而她不能吃凉的,所以只好退款。这个时候,客服本着解决问题的初心,向用户表示了歉意并对用户讲:"今天的雨很大,如果我帮您把餐退掉再订一份,也许您还是需要等待很长的时间,我帮您去协商商家,让他为您的餐持续加热,这样送到您手上的时候,餐还是热的,我希望您能吃到热乎乎的餐食。"用户表示同意后,客服人员联系了商家,表述了情况,商家也表示认同,这样商家也不会被退单。等到餐送到这位母亲手里的时候,客服致电这位用户,问道:"您好,餐是热的吗?"用户说:"是的,餐是热的,太感谢了。"

第 5 章　人工解决环节

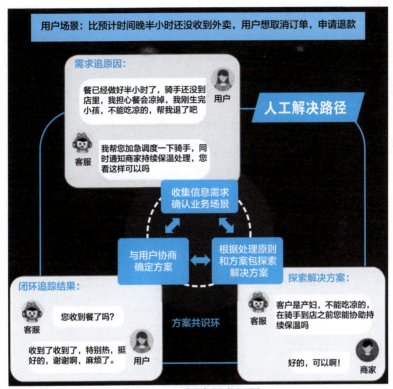

图5-16　解决用户问题

2. 部分解决或者缓解用户情绪

通过努力，未必都能达到最好的结果，客服有时候只能解决部分问题。这时候需要在过程中做到以下几点，让用户的情绪有所缓解。

❶ 意识到用户的权益边界与企业规定的权益边界不同，要真正理解用户的难处，尽力帮助她。

❷ 合理运用小权利，帮他找"方法"，例如改换套餐、减少损失。

❸ 对于没有解决的需要后续再处理的问题，要标明明确的时间点和交代好具体细节，如餐品质量问题、对商家的差评问题等。

案例二：客服人员帮助用户部分解决问题并取得谅解（见图5-17）

这是一个退款的场景，用户是一名考研的学生，因为考研的地点换了，向酒店提出取消预订和全额退款的诉求。但是，按照订单的取消条件，酒店需要扣除300元的违约金。客服主动与商家协商，减少扣款。虽然省下的钱不多，但是用户感受到了客服做出的努力，并表示感谢。

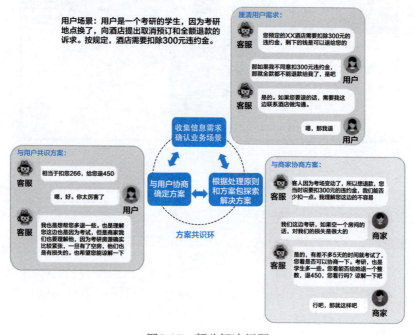

图5-17 部分解决问题

第 5 章 人工解决环节

3. 尝试后问题未能解决的用户也能感觉到客服人员的努力和共情（见图 5-18）

此案例中我们看到客服人员与司机之间的共情，虽然没有解决问题，但是用户情绪被安抚，同时获得更多的正向反馈。

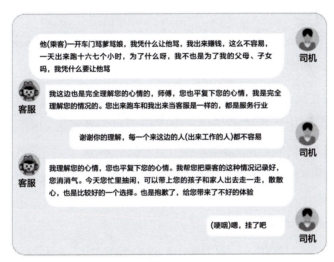

图5-18　共情与缓解

5.4.2　寻找突破口

下面我们来看一下客服权限，以及为什么客服的权限是客服解决力的突破口。

客服权限是客服在解决问题的时候能够向用户提供的方案，能够在公司范围内调用的资源，能够给用户承诺的时限和兜底方案，等等。比较常见的权限有退款、补偿、处罚、传递信息等。

但是，我们还是经常听到客服管理者抱怨客服没有权利，解决不了问题；老板会说，"你要什么权利，你说啊"。我们发现，在不同的场景下，客服需要不同的权限，例如用户投诉说"司机不来接我"时，客服需要有派单的权限；用户投诉说"给我的蔬菜比标称重量少了15克"时，客服需要拥有部分退款的权限。

以下三类权限意味着客服可以代表用户调动公司的资源，做到追踪、预防和止损。

1. 做出内部服务承诺

与用户体验相关的任何一个部门要承诺多长时间内回复某类问题，或者将回答问题的权力和信息交给客服。

客服不能解决所有问题，有很多问题需要客服发送给公司其他部门核查和回复。这类问题越少越好，一旦遇到了，应积极处理，解决思路如下。

- 第一步：定流程。细分不够会导致责任主体不明确，从而造成流转不通畅或者进行不断地反复核查。
- 第二步：要承诺。细分服务承诺，服务承诺一般由时间、交付物描述和可靠性三个元素组成。例如研发团队给出的故障核查的服务承诺是：24小时能够准确回复该用户问题是不是系统故障导致。
- 第三步：线上化。从前，我们需要通过很多封邮件或者若干通电话才能解决问题；如今，可以通过流程线上化，清楚地看到进展，从而更高效地解决问题。
- 第四步：监控和持续改进。客服在这个环节中的身份是推进者和观察者。对于长周期的流转，一方面要进行充分的沟通，让用户了解整个过程；同时，要通过系统设置提醒，在用户焦虑之前推动甚至重启整个流程；最后，在已经发生的违约面前，要有承担的勇气和解决的耐心。

图5-19展示了一个内部闭环的操作流程。

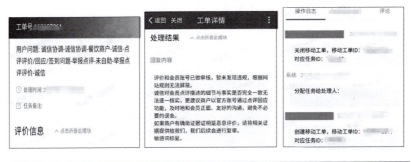

日期	发送量	处理量	处理率	准时处理量	准时处理率	平均处理时长	每日最长处理时长
2000-11-05	4721	3324	70.4%	3197	96.2%	1.6	11.7

日期	业务	发送量	处理量	处理率	准时处理量	准时处理率	平均处理时长	每日最长处理时长
2000-11-05	业务一	988	820	83%	713	87%	1.7	10.8
2000-11-05	业务二	792	714	90.2%	714	100%	2.2	6.9
2000-11-05	业务三	451	317	70.3%	317	100%	2.1	9.6
2000-11-05	业务四	444	308	69.4%	308	100%	1.1	11.4
2000-11-05	业务五	419	120	28.7%	120	100%	1.0	6.4
2000-11-05	业务六	428	403	94.1%	403	100%	1.1	11.7

图5-19　内部闭环流程

2. 提供兜底方案

兜底策略，是公司文化的重要体现，也是客服管理者逻辑的重要体现。在承诺无法兑现时，要有让用户体验优先、企业承担一切损失的兜底解决方案。

3. 执行按灯机制

对于已经造成恶劣影响的商品、商户、个人，员工有权利按灯处理。客服有权利优先下架，由相关部门和责任人进行整改或

数字化 **客服设计**

者反证之后再上架。这种制度给予客服一定的阻断恶劣影响的能力和权利,当然,企业要同时做好约束和反向管理,但是不能通过限制规模或者金额的方式来影响按灯的权限。

提升解决力的关键,除了在公司、用户那里收集数据,还要打开与一线员工交流的通道,倾听员工的声音,从而找到推进流程的思路。

案例一

A."您的问题我记录下来了,会帮您反馈。"(传声筒)

B."这个问题我会在今天内收集更多的反馈来核实清楚,核实之后会有下架两天的处罚,有结果后我发短信告知您可以吗?"(解决)

从A到B,我们要具备以下条件:发起核查流程的权利;真实有效的线上核实流程;有足够的权限能根据结果做处理;客服团队对此类问题的培训很到位。这几个条件缺一不可。

案例二

A."我们正在解决您入园的问题,您再等一下商家的解决方案好吗?"(传声筒)

B."我们刚刚已经联系了供应商,如果他在15分钟之内没有给您发出券码,您可以直接购票入园,稍后我联系您补偿差价好吗?"(解决)

从A到B,除了需要具备刚才的几点之外,还要有以下权限:承诺时限(15分钟)和兜底方案(补偿)。有了这两种权限,员工在解决问题的时候就可以简单明了,一步到位。

案例三

A."您要的发票我会督促商家尽快提供,请您耐心等待。"(传声筒)

B."我查询到,您的发票申请是在4天前提交给商家的,我马上催促一下,他会在7天之内(也就是后天)提供寄出发票的快递单号,我们再等两天看看好吗?有问题的话我后天再联系您。"(解决)

这里除了有承诺和有效执行的流程之外,把原来线下的发票申请流程改到线上闭环也是有效的追踪方式。让员工与我们一起解决问题,会比靠打分来惩罚更能有效推动解决力不断提升。

人工处理流程的系统支撑

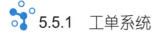

5.5.1 工单系统

工单系统用于支持客服向用户提供服务,结合通信系统、工单记录与流转、业务信息及操作等多个模块,查询、创建、跟进、解决用户反馈的问题。工单系统就是问题追踪器,能清晰地追踪、处理和归档问题,进行标准化的服务跟进。

图5-20是平台化工单系统图。

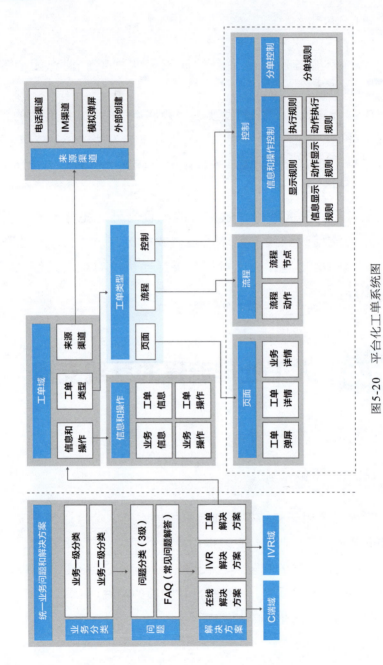

图5-20 平台化工单系统图

当用户从不同渠道发起一个人工服务请求时,就会弹出客服侧的一个界面,客服在这个界面记录问题,这就是"弹屏"。从系统角度来看,弹屏是客服接起后,系统自动唤起的页面,主要展示随路数据(来电号码、来电次数、来电路径等)及相关的业务订单信息,是链接各个通信渠道和工单的关键节点。主要的渠道包括电话渠道、在线聊天渠道、外部创建渠道等。

5.5.2　工单结构树

好的工单结构树可以将不同的业务分类、问题分类进行整合,达到一套模型支持多个业务线的目的。这个模块的难点在于找到粒度适中、各业务都适用的模型和结构。这个结构应该同时适用于智能客服和人工客服分类。其包括以下几个核心点。

1. 业务分类:预留2~3级分类,分别是业务群、业务、子业务,这些分级可以支持服务率分析的时候实现按场景细分管理。
2. 问题分类:问题分类首层是用户体验历程的环节与子环节,其次是关于场景和场景的细分,最后一级的叶子结点是对问题最小粒度的聚类。这个聚类与系统中的页面、权限都是关联的。
3. 解决方案:这是人工客服选定问题分类以后,系统给人工客服提示的处理流程,以降低客服掌握知识的难度,提升执行一致性。这个方案可以由智能助手来帮助实现。

5.5.3 智能助手

智能助手的核心是通过流程引导、自动建单、关键业务信息提炼三个核心能力，辅助一线座席快速上线、提升接线效率。其起源背景是客服的处理流程变化很快、知识量大，平均一个新上岗客服的培训时长有两周，加之客服行业的流动性极大，客服领域持续要面对新人比例过高的挑战。智能助手是一个可以降低新人培训时长，同时保障交付质量的产品。其大致的交互流程如图5-21所示。

图5-21　智能助手流程

智能助手成功的关键与智能客服相似，都在于流程引擎和客服流程专员的运营能力,最好在组织上设定对应的运营团队,类似面向用户的智能客服的运营师。智能助手的运营还可以建立自下而上的反馈机制,可以激励一线员工贡献想法,让整个客服系统运行得更加顺畅。

 5.5.4 移动工单系统

移动工单,是指使用者不需要接入客服工作台,在移动端有可处理、可追踪的工单系统,其核心目标是提升客服处理客诉过程的闭环率。

闭环,是指工单从新建、处理、转出、转回到解决等所有环节,都能够进行线上化管理,受到工作台的监管。如果工单转到其他部门进行处理,或者要通过电话和即时通讯系统(IM)来协调公司其他部门,这部分工单就是"开环"的,因为沟通内容和进展是工作台系统不知道的,也无法传递给用户。开环,是指处理过程无法监控、处理时效无法考量、结果不可控,即整个流程不可管理。

通过灵活的入口、定制化流程、通知策略、标准化的数据和状态跟踪,可以实现外转工单的闭环管理。

移动工单的架构图,如图5-22所示。

员工在工单处理的任何阶段,发现需要对外转办,都可以发起一个移动工单,并自动发送给预设的人群。

1. 划分移动工单类型

根据业务场景,划分移动工单类型,以驱动后续状态流转和结果控制。移动工单可以划分为以下几种。

数字化 客服设计

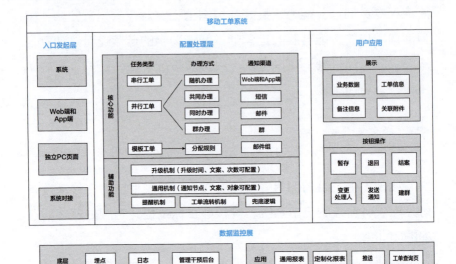

图5-22 移动工单

❶ 串行工单：工单有明确的前后依赖关系，严格按照流程逐步推进。

❷ 并行工单：工单可以并发处理，多条线路间不互相影响。

2. 明确办理方式

客服在处理客诉过程中，可能会需要外部协助，此时应该明确办理方式。借鉴jira工作流的概念，将办理方式分为随机办理、共同办理、同时办理等，如图5-23所示。

❶ 随机办理：即任务会同时发送到多名协助者的待办池中，有协助者单击【开始接单】时，系统会根据开始接单的时间，择优进行任务发送。

❷ 共同办理：即任务统一发给一组协助者，多人同时收到待办任务，一人提交后，整组任务均变为完成。

第 5 章 人工解决环节

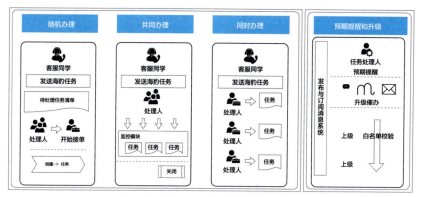

图5-23 工单处理

❸ 同时办理：即当工单是同时办理时，根据处理人发送任务，任务与任务之间无影响，各自处理即可。

3. 预期提醒和升级

早期移动工单是没有提醒机制的，这导致很多任务长时间没有被处理，后期在产品优化过程中，通过延迟消息自动根据当前处理在组织架构中的汇报关系，进行任务升级提醒。

如果移动工单能顺畅地支持客服场景，理论上它具备将整个企业的协同服务线上化的能力，如亚马逊的TT系统，让不同部门之间的协同更加高效、可靠。

5.6 人工客服主流程(示例)

人工客服主流程(以下简称主流程)是服务体验部所有人工客

数字化 客服设计

服都必须执行的流程，覆盖了从客服开始服务用户到解决问题并邀评的所有环节，其目的是给员工提供最基本的处理步骤和原则，最大限度地保障用户的服务体验。

主流程适用于所有业务，规定处理客诉的步骤和原则，与业务本身有关的部分会被主流程直接调用。

主流程分为实时、迟滞和风控三个部分，这三个部分是递进的关系。实时，是指用户在队列中等待客服的实时服务的情况，包括电话服务和在线服务。迟滞，是指用户没有在队列中等待，服务部门决定何时来处理的情况，包括一线升级工单、一线迟滞处理工单和用户自助创建工单。风控，是指采取各种措施和方法，消灭或减少风险事件发生的各种可能性。

主流程可以保障用户体验，并降低客服的学习成本，具体体现在以下几点。

- 依据主流程能简单地判断服务过程的对与错，倡导有利于用户体验的服务。主流程代替了原来各个业务中参差不齐的要求，统一规定了服务各环节的标准。
- 使客服灵活处理问题，提供人性化服务。主流程规定了业务场景、处理原则和方案包三要素。客服按照处理原则，从方案包中选择最适合当前用户场景的方案来解决用户的问题。
- 简化知识内容，降低客服的学习成本。业务场景、处理原则和方案包的定义使原来各业务的流程可以模块化和结构化，组合在一起成为新的业务知识。客服通过学习可以解决不同用户场景下的问题。

第 5 章 人工解决环节

主流程的实时业务的解决过程，如图5-24所示。

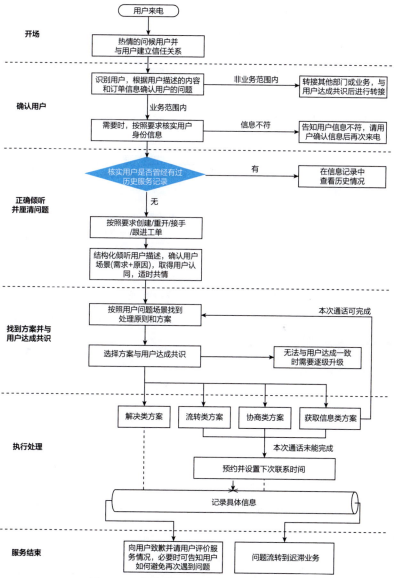

图5-24 主流程的实时业务的解决过程

数字化 客服设计

主流程的迟滞业务的解决过程，如图5-25所示。

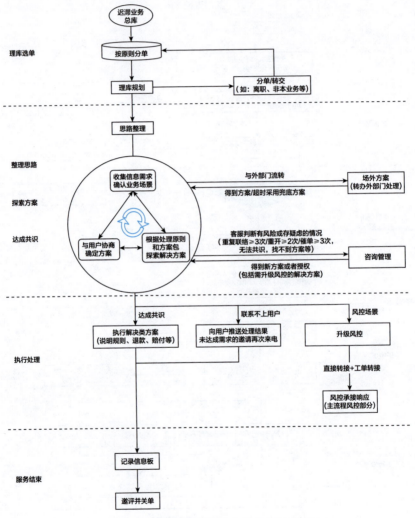

图5-25 主流程的迟滞业务的解决过程

第5章 人工解决环节

主流程的风险业务的解决过程，如图5-26所示。

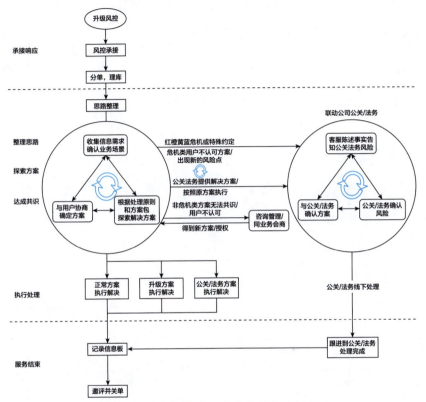

图5-26 主流程的风险业务的解决过程

第 6 章

服务历程的复盘和持续改善

6.1　服务历程的复盘

6.2　持续改善机制

6.3　持续改善案例

第6章 服务历程的复盘和持续改善

6.1 服务历程的复盘

6.1.1 服务历程的复盘目的

客服可纠正企业产品体验设计与用户认知之间出现的误差,而客服体验历程本身也是一个产品,在服务设计、服务实施、服务传递和用户的服务体验之间也存在着误差。为了不断地了解其中出现的误差,寻找纠正误差的方法,客服体系的质量监控和案例复盘尤为重要。

服务历程的质量监控目的与传统的质量监控目的不同。传统的质量监控重点在于检查服务实施与服务设计之间存在的差距。即按照服务设计的流程要点,把质量控制细化为质量监控点,并且由质量监控人员按照细则给服务打分。这个质检成绩体现的是员工是否严格执行服务的流程设计,是否达到通话要求。质检结果主要应用于员工辅导、考核和培训。

而服务历程的质量监控和复盘,重点在于检查用户感知与服务传递之间的差别程度,看到整个的服务设计与用户期望之间的差距。质检的结果可应用于某个场景下的服务历程各环节之间重新排布、智能服务流程改进、人工服务流程改进、系统功能改进及人员的执行情况改进等。

- 服务历程的质量监控，是基于用户对服务的响应性、保障性、可靠性和移情性几个方面，定义用户视角下的服务历程标准，端到端、全面、完整地对一个案例做出整体的定性、定量评价。我们可以将评价结果用于推动服务设计和实施中各个环节的改进。
- 服务历程的复盘，是收到了用户投诉或者曝光之后的"极差案例"，然后通过服务历程质量监控的方式进行打分，之后思考根源问题并发起改进的过程。
- 服务历程复盘中的量化部分，可以通过数据质检的产品化来实现，不断提升准确性与优化质检效率，提升模型准确性。

6.1.2 服务历程质量监控和复盘步骤

以下步骤适用于有明确用户反馈的案例复盘，以及正常抽样得到的案例等所有服务历程案例的复盘打分。

1. 由系统建模完成数据质检部分

由数据模型自动计算服务历程的得分，分数越低，不满意的发生概率越高，瑕疵率越高，即体验越差。

2. 人工依据评分标准完成定性质控部分

根据数据质控的结果可以抽取一定的样本量，重新检查整个服务历程的各个环节的文字、语音和多媒体交互的记录，根据服务记录分析事件脉络，并且找到其中的疑点和关键点。

3. 服务历程质控的总结输出

提炼总结，对服务历程的整体情况进行解读、分析，并且输出改进建议，分解给不同的责任部门，通过运营机制进行追踪和改善推进。

6.1.3 数据质检部分——建模过程

基于服务历程运营全景图和SERVQUAL[①]中的服务质量标准，确定描述服务历程的所有可量化的指标项，图6-1中共确定了20个与用户满意度相关的可量化的指标项。

将所有的可量化的指标项按其对用户满意度影响类型和程度进行分类汇总，并根据对用户满意度影响程度，分别确定各指标项的分值和权重。最终将各指标项的分值汇总求和，得出整个服务历程的数据质检分值。

① 根据卡诺模型(KANO model)，将描述服务历程的20个指标项按照用户满意度产生的不同影响归为三大类，即必备属性、期望属性和魅力属性。根据不同的指标项属性对用户满意度影响的类型和程度，属性的基础分值如下。未达成必备属性项时，为-3分，否则，为0分；未达成期望属性项时，为-1分，否则，为1分；未达成魅力属性项时，为0分，否则，为3分。

---

① SERVQUAL是英文"Service Quality"(服务质量)的缩写。SERVQUAL模型是衡量服务质量的工具，它的五个尺度为有形性、可靠性、响应速度、信任和移情作用。参见《服务管理：运作、战略与信息技术(原书第7版)》。

数字化客服设计

质量属性	CTQ(质量关键点)	客户期望	进入渠道(入口)	智能处理与解决		路由		首次接触/交互处理		人工处理与解决 升级/重映 (2~n)次接触/交互		结束通知	
				个案	冲减属性基础值	个案	打分标准	个案	打分标准	个案	打分标准	个案	打分标准
响应性(及时响应、明确时效)	等待时长	短		电话IVR的15~2秒(取直逻辑:电话拨入→电话机/转人工)	无法取数			此环节等待时长等于本环节所有次接触的跟进时长，不重复检查		此环节等待时长等于本环节所有次接触的跟进时长，不重复检查		联系不上未单占比	
	处理时长	短		在线门户端等待时的时间(取直逻辑:首次访问时间启动)	无法取数	电话排队长>30秒 电话排队长>45秒	大于阈值: -1分 小于阈值: 1分 大于阈值: -1分 小于阈值: 1分	结束时长>承诺结束时长	命中: -3分 未命中: 0分	结束时长>承诺结束时长	命中: -3分 未命中: 0分		
				重复来电没有首通生(电话)	没法首通直接性: 3分		做到: 1分						
保障性(知识正确、打分标准有效)	是否解决	解决/未决		电话: 没有解决或没有采达成认识(人工挑解题作为检查修正)	未解决: 0分 解决: 3分	(IVR)错误误列， 无人工接后误主转接	命中: -3分 未命中: 0分	没有解决或没有采达成认识(人工挑解题作为检查修正)	命中: -3分 未命中: 0分				
	交互次数	少		在线不需要共过单诊主转接	未解决: 0分 解决: 3分	在线接题排列，话返主转接							
				单通(IVR交互次数>4次即，IVR按键次数>4次即，输入文字>n次(即签策咨的点击次数))	大于阈值: -1分 小于阈值: 1分	无需重拨	无需重拨	重开次数≥1	命中: -1分 每增加一次重开, 为-1分 未命中: 0分	外呼客户次数(只计算接通的情况)	命中: -1分 (每增加一次, 为-1分) 未命中: 1分		
	重开	无		重复技打次数超过n次时	大于阈值: -1分 小于阈值: 1分	电话:重复拨打(排队前)	电话: 重复次数, 不分钟(包括单击无效区及其他区的5分钟)	兑现承诺	无法获取	回呼时间>给客户承诺的时间(统计及回呼时间与客户沟通时间有关)	命中: -3分 未命中: 0分		
可靠性(说到做到、兑现承诺)	跟进及时 承诺操作兑现	及时 兑现		兑现承诺	无需重拨	排队拨入的前，无及时回访	目前没有像金融平台统一默认值，无法判断该电话的订单号，数值不可取	兑现承诺	无法获取				
移情性(关注感受、沟通专业)	重复来电	无								用户发起主动来电≥2	命中: -3分 (即刻加一次返回来电, 为-3分) 未命中: 0分		
	等待时长	短								重复来电次数要等时间返回等待时间 注：多次重复来电行为	命中: -3分 (即刻加一次返回来电, 为-3分) 未命中: 0分		
整体体验	满意度/不满意度	5分		客户评分≤3分	智能度 智能度不满意度		智能度 智能度不满意度	客户评分≤3分	人工满意度 人工满意度不满意度	客户来电重要时的问题访问满意度与沟通满意度	人工满意度 人工满意度	客户评分≤3分	

图6-1 基于服务历程图和SERVQUAL模型最终确定的20个数据项

216

❷ 收集各指标项的样本数据，根据其对用户的满意度的影响程度，经过数据分析得出各项关键指标的阈值和权重。例如，在每个环节中等待多少秒、交互多少次是满意度的拐点等。

6.1.4　人工质检和复盘部分——标准与判责依据

1. 打分标准

根据对用户不满意案例的分析，找到影响用户体验的关键因素。具体包括如下几个关键因素。

影响用户问题解决的因素：转接有误、提供错误的解决方案、未达成共识没有逐级升级、方案执行错误、未能正确理库选单。

影响用户问题解决速度的因素：流转未交代或交代不清、非最佳路径、未按要求新建/重开/接管/跟进工单、未能正确承接响应。

触碰服务红线：出现客服触碰服务红线的情况，如反问、顶撞、骂人等。

根据服务历程监控质量标准，并且不断与用户不满意度做校准，我们提炼出9个关键项，分别是：正确响应；正确形成工单；厘清问题场景，整理解决思路；提供有效的方案包；按最佳路径处理；流转有交代；无法达成共识时要及时逐级升级；承诺兑现；红线问题。具体如图6-2所示。

新版：
统一：智能、IVR、人工渠道合并使用一套标准
重点：提炼主流程重点
简练：从20项缩减为9项

关键项	高质量标准
正确响应	接到服务请求后，根据约定回访时间、风控响应原则承接响应工单。
正确形成工单	正确新建/重开工单；处理中的工单，根据工单备注的内容及处理结果正确接管、跟进工单。
厘清问题场景，整理解决思路	能通过询问、查找历史服务了解用户的遭遇（包括体验产品的遭遇与体验服务的遭遇）、心情、紧急程度、诉求及根因，找到对应的场景。
提供有效的方案包	联动管理或CAP等各方协同并及时跟进，为得出解决类/流转类方案做好准备工作；根据用户问题场景诉求及处理原则，选择对用户最有利的解决类/流转类方案。解决类方案告知用户内容、执行时间，最终解决用户问题。
按最佳路径处理	处理客诉过程中，选择最快捷的沟通顺序或方式，尽可能少麻烦用户，保障客诉处理路径最短。
流转有交代	升级流转有交代，无法当时解决或升级流转时，需告知用户背景、方向、恢复时间，以获得用户理解。
无法达成共识时要及时逐级升级	处理路径与方案均需与用户达成一致，出现不一致时，要逐级升级，直至新方案与用户达成一致，或得到保持原有方案的授权。
承诺兑现	时效及方案承诺必须兑现。
红线问题	拒绝领导回电、客服辱骂客人、客服强制挂机、拒绝服务推脱、引起重大投诉、反问质问引发不满。

图6-2 服务历程的质量监控标准(案例)

2. 失误归因和改进

通过以上的9项关键项找到错误问题后，分析发生不满意的原因是服务设计路径、智能客服、人工客服、服务流程，还是系统，同时要反向思考发生问题的产品是不是有瑕疵和改进空间。

(1) 服务流程问题

以下几种情况，我们会认为流程有问题需要改进。

❶ 缺失：缺少场景或产品与场景无法关联，导致无法解决，引发再次来电、重开工单或投诉。

❷ 不完整：有一定的场景，但是没有判责依据，或者没有给出合理的方案包，导致责任方不明、方案有误，引发再次来电、重开工单或者投诉。

❸ 不闭环：流程基本完整，但缺少后续跟进的流程，或者没有明确时效，以及从流转至解决的出口，导致无时效

第 ⑥ 章　服务历程的复盘和持续改善

保障、引发投诉、增加赔付或者用户再次来电。

❹ 费力度高：有流程且完整闭环，但流转或寻求外部协助大于三次，让用户等待超过N小时等。

(2) 客服人员问题

以下几种情况，我们会认为客服人员未能有效按流程为用户提供方案。

❶ 未正确选择方案、未保障及时解决；

❷ 在3次联络、2次重开、3次催单后，未采取更有效的解决方案或者流转给风控；

❸ 所有流转到风控的工单，未能快速与用户达成共识，导致用户进一步不满；

❹ 态度触犯红线问题。

(3) 系统问题

系统未保障信息查看、处置正确、效率及时。

(4) 产品问题

产品有严重缺陷。

(5) 服务设计问题

服务入口不合理，导致没有合适的客服帮助用户处理问题，使用户就某一问题反复来电，却没有任何进展。

3. 问题改善

根据质检项发现问题并判定责任方后，将个性问题、共性问题合并形成改善任务，将任务发送至改善任务接收人，在一定期限内进行跟进，跟进完成后回复工单提交，完成当前问题的闭环改善。

对于持续发生的场景改善，可以使用下一节中的持续改善机制。

持续改善机制

6.2.1 用精益六西格玛 DMAIC 模型和简化的 Q10 作为持续改善的方法和工具

精益六西格玛是一种经广泛实践并验证的"问题解决方法论",它集成了六西格玛和精益生产两种非常重要又相互补充的改进技术,同时关注减少浪费和消除变异。当平台运营中出现以下可识别的问题时,都可获得一个持续改善点,并可使用精益六西格玛的结构化问题解决方法来进行改善。

- 通过自上而下制定战略及分解各级指标获得一个持续改善点,如人工服务率降低、用户不满意度降低、其他运营指标的优化等;
- 在工作中随时发现的改善点,如质检人员发现某场景下的流程不完备而推动完成的流程优化、一线主管发现某场景下AHT(平均处理时间)偏高而发起并完成的改善等;
- 影响用户体验的核心痛点,如通过舆情案例的复盘,端到端流程审核中发现的优化机会等。

为了解决以上问题,实现组织的持续改善,我们提倡用精益六西格玛中的DMAIC 模型来完成持续改善工作。DMAIC 是精益六西格玛中一套经典的问题解决模型，包括定义、测量、分析、改进和控制5个阶段，如图6-3所示。

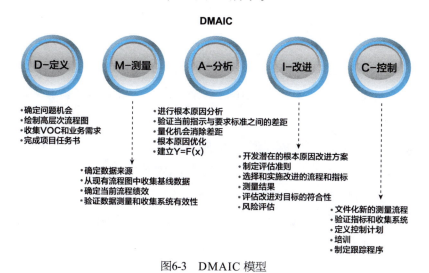

图6-3　DMAIC 模型

这5个阶段，也可以简化分解为以下 10 个问题(Q10)，当这 10 个问题都能够得到客观准确的答案并可提供数据化的支持时，即可视作完成了一组简单的DMAIC 问题梳理和改善过程(这里以"配送体验优化项目"为例做简单说明)。

- Q1：我们遇到的问题是什么？

需描述出当前遇到的问题、问题的严重性。如：A业务上线以来，用户投诉配送体验问题一直是A业务发生最多的问题，占整体服务率的三分之一，且最近一年以来呈逐月上升趋势。

- Q2：问题的范围有多大？

需明确指标定义及问题所在范畴，确认流程起始点，会影响哪些人。如：简单梳理出影响用户配送体验的流程(3～6个关键步骤)；梳理出流程改善可能会对哪些干系人产生影响，如产品部门、骑手管控部门、业务策略部门等。(建议工具：SIPOC模型[①]等。)

- Q3：现状和目标是什么？

需说明数据是如何收集整理的，目前的基准和希望达到的目标是什么。如：根据去年工单记录整理出用户投诉配送体验问题的若干类场景，统计出当前服务率，目标是在半年内将服务率降到×××。(建议工具：趋势图、直方图等。)

- Q4：当前流程中的主要痛点是什么？

识别出流程中的关键影响因子。如：绘制从用户下单到用户评价的流程图，圈出可能引起配送体验投诉的环节。(建议工具：流程泳道图、用户体验历程图等。)

- Q5：主要痛点是由哪些根本原因引起的？

针对流程痛点列出量化的根本原因及对结果的影响大小。如：通过抽样听音总结出引起配送体验投诉的原因，并将其进行量化排序，找到影响占比最大的原因，从而挖掘出根本原因，即能够直接指引行动方案的根因。(建议工具：鱼骨图、帕累托图、5Why等。)当指标因个体原因导致差异时，需针对不同个体进行波动分析和管理，如AHT等。

- Q6：采取的解决方案是什么？

列出可能的解决方案，筛选出最佳方案，绘制改善后的新流程图。如：针对"骑手到店后发现物品与实际不符导致接单后

---

① SIPOC模型是由戴明提出的组织系统模型，是一门最有用而且最常用的，用于流程管理和改进的技术。

不配送"的问题,究其根本原因,采取的方案是"上线产品功能、完善商品信息"等,然后绘制优化后的下单流程图。(建议工具:头脑风暴、方案选择矩阵等。)

● Q7:方案的实施会不会带来其他的业务风险?

识别和预防可能由方案的实施带来的其他业务风险。如,为避免效率指标的提升对质量指标产生消极的影响,需要在方案实施前采取预防措施并实时关注。又如,为降低用户的投诉比例,而采取的管控措施,可能会带来服务量短期上涨,一段时间后才会回落,这需要提前预判并采取相应措施。(建议工具:FMEA[①]、力场分析等。)

● Q8:具体的实施计划是什么?

制订有效的实施计划,确定实施细节,并确定责任人。如:从产品功能、业务策略、质量管控三个方向设置对配送体验优化的具体改善方案,分列出每项的具体步骤及时间进度、责任人,按计划实施改善措施。(建议工具:甘特图等。)

● Q9:达成的效果如何?

监测实施效果,以确认是否达到设定的目标,完善新流程,计算项目收益。如:对比改善前后的用户投诉配送体验问题服务率,并确认是否达到目标值,根据单服务成本计算项目财务收益。(建议工具:控制图等。)

● Q10:回顾与复盘。

总结改善项目过程中的经验。

---

① FMEA:指失效模式与影响分析,即"潜在失效模式及后果分析"。

6.2.2 用高效的运营机制来推进持续改善机制的落地执行

1. 全员参与、随时随地

寻求改善机会、制定改善目标和完成改善行动，是一个持续的过程，需要渗透至客服自上而下的每一个环节，并依赖于每一位员工的积极参与。要求各方以用户为中心，随时随地审视流程中的改善点，推动业务的持续改善。

- 鼓励客服人员、质检员随时随地发现问题、反馈问题，并能站在用户视角对流程提出合理化建议。
- 要求组长、主管等一线管理岗位和流程优化、体验优化等运营支持岗位人员，能够随时随地应用 Q10 的结构化方式推动完成相对简单(1～2个根本原因、2个月以内的改善周期、在部门或业务内部完成)的流程改善。范围应包含但不限于：收集整理来自客服及质检的反馈、听音发现的问题、满意度较低的场景、不达标的指标、投诉和舆情的案例等。
- 要求各负责人及其核心管理团队成员，以及质检、招聘、培训、中控等关键支持岗位负责人，能够独立组建项目团队，使用标准 DMAIC 模型，按绿带项目标准立项，来解决那些相对复杂(根本原因≥3个)、周期较长(>2个月)、接口部门较多(涉及产研环节或事业群其他部门)的改善过程。
- 倡导最高管理层，每年根据长期发展战略制定相应的"作战方向"，将其通过组织结构自上而下层层细化分解，逐渐形成各层级的持续改善计划。

2. 看板管理、实时追踪

各级管理者可通过数据平台实时查看绩效指标达成情况，并及时采取改善措施。客服部门将定期辅导、追踪改善行动的进度、效果，识别新的改善机会，并提出有针对性的改善建议。

- 持续追踪所有进行中的改善项目，验收实施成果。
- 根据平台整体的指标重要性(按指标评估矩阵确定)、指标达标率(指标在方案层的达成占比，例如服务水平指标若在70%的方案中均不达标，则指标达标率为 30%)等维度，列出当月优先级较高的待改善清单，并圈定改善负责人、限定完成改善的时间。

3. 积淀成果、总结经验

- 对于所有改善项目，需要使用Q10或DMAIC的方式来达成改善效果，完整的改善报告至少在改善结束后两周内提交。
- 建立最佳实践的项目资源库，对于成功实施改善的项目，通过聚类和对标，总结出不同场景的共性根源问题，以提升后续同类项目的分析效率。

6.2.3 用培训和激励保证持续改善的动力和增长

1. 培训

部门不定期组织关于持续改善方法论或工具的培训，以确保更多一线及支持员工完全理解部门的持续改善方法和机制。其中，DMAIC 是精益六西格玛绿带课程的核心内容。

2. 激励
- 对于提出合理化建议的一线客服、质检员，均会在次月月报中提出表扬。如建议被采纳，将有机会作为核心成员参与到改善活动中，并优先获得相关课程的培训资格。
- 应用Q10的方法完成相对简单的改善过程的人员，经业务负责人和精益六西格玛管理委员会审核确认，可被认证为黄带资质，并获得由精益六西格玛管理委员会颁发、高层管理者签署的黄带证书与徽章。
- 应用DMAIC标准结构完成相对复杂的改善过程的人员，经业务负责人和精益六西格玛管理委员会审核确认，可被认证为绿带资质，并获得由精益六西格玛管理委员会颁发、高层管理者签署的绿带证书与徽章。
- 获黄带和绿带资质的人员，将直接进入持续改善人才库，提前获得下一阶段黑带培养、讲师认证的候选资质。
- 所有成功实施了改善过程的项目，都有机会提名"最佳改善实践奖"，并可参加年度持续改善最佳实践案例的评选。获奖项目将获得相应的激励和荣誉。
- 所有改善项目的负责人及核心团队成员，都将获得数字化考核的加分项与晋升的优先性。

6.2.4 指标重要性/不达标持续时间和指标达标率

1. 指标重要性/不达标持续时间

通过指标重要性/不达标持续时间确定持续改善的对象及

第 6 章 服务历程的复盘和持续改善

优先级。服务体验推进中心将依据指标评估矩阵，组织服务体验部管理团队每年做一次指标评估，评估将从用户体验(50%权重)、企业成本(30%权重)、员工感受(20%权重)三个维度加权计算每个指标的总分，并完成内部校准。总分在4～5分的指标为一级指标，2.5～3.9分的指标为二级指标，2.5分以下的指标为三级指标。当指标持续不达标且未改善时，对于重要性高的指标，需进行优先立项。如一级指标在连续追踪的周期里持续不达标，将作为服务体验部最高优先级项目进行立项。指标排序评估表模板如表6-1所示。

表 6-1 指标排序评估表

指标分类	指标名称	用户体验(VOC)	企业成本(VOB)	员工感觉(VOE)	总分(VOC×0.5+VOB×0.3+VOE×0.2)
WFM[①]	服务水平	5	5	5	5
	放弃率	5	5	5	5
	人员配备业务量预测准确率	5	5	5	5
	排班时间段预测达标率	5	5	5	5
	AHT预测达标率	5	5	5	5
	排班实现率	5	5	5	5
	缺勤率	5	5	5	5
	准时率	5	5	5	5
	平均积压小时	5	5	5	5
效率	AHT	5	5	5	5
	利用率	5	5	5	5
	占用率	5	5	5	5
	升级率	5	5	5	5
	日均处理工单量	5	5	5	5
质量	升级准确率	5	5	5	5
	满意度	5	5	5	5

① WFM：即生产力管理。

（续表）

指标分类	指标名称	用户体验(VOC)	企业成本(VOB)	员工感觉(VOE)	总分(VOC×0.5+VOB×0.3+VOE×0.2)
质量	不满意度	5	5	5	5
	解决力	5	5	5	5
	顾客关键错误准确率	5	5	5	5
	业务关键错误准确率	5	5	5	5
	合规关键错误准确率	5	5	5	5
	机器人回复准确率	5	5	5	5
	系统功能正常率	5	5	5	5
	路由准确率	5	5	5	5
	多渠道满意度	5	5	5	5
	知识内容准确率	5	5	5	5
	内部支持准时率	5	5	5	5
	内部支持满意度	5	5	5	5
人员	招聘准时率	5	5	5	5
	新员工留存率（不足3个月）	5	5	5	5
	培训通过率	5	5	5	5
	客服流失率	5	5	5	5
	主管流失率	5	5	5	5
服务	转化率	5	5	5	5
	电信系统正常率	5	5	5	5
	太平洋系统正常率	5	5	5	5
	放弃率	5	5	5	5
	退出率	5	5	5	5
	最大中继占用率	5	5	5	5
	知识更新准时率	5	5	5	5
	新方案准时率	5	5	5	5
成本	在线转人工比率	5	5	5	5

2. 指标达标率

通过指标达标率确定改善项目的范围。如果某指标持续不达标，但指标达标率较高，则说明该指标在多数业务中表现尚佳，少数业务对总体表现造成了显著的影响，需要将改善项目的范围设定为影响较大的业务；如果指标持续不达标，且指标达标率较低，则需要将项目改进的范围设定为所有业务。

6.3 持续改善案例

6.3.1 平均处理时间(AHT)改进案例

1. AHT问题的定义和测量

对于A队列来讲，AHT的达标情况较好，但是在进行了一些流程的改动后，AHT的达标情况发生了很大的变化。表6-2展示了2005年2—5月AHT的达标情况。

表6-2 2005年2—5月AHT的达标情况

月份	2005年2月	2005年3月	2005年4月	2005年5月
AHT(秒)	294	327	330	338
目标(秒)	300	300	300	300

通过趋势分析，我们可以发现A队列的指标达标情况和发展趋势较差。另外，图6-4列出了自2005年2月以来每日的AHT的达标情况。我们可以看出，整个AHT的发展呈上升趋势，说明AHT不达标不是一个偶然现象，需要我们进行深层的原因分析。

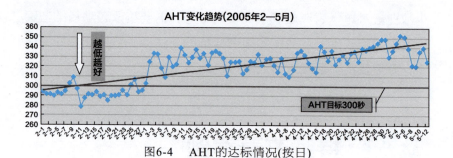

图6-4　AHT的达标情况(按日)

2. 影响因素分析

我们按日分析AHT的达标情况，发现自2005年3月以来AHT基本上没有达标，而非某一天出现问题。我们按组观察AHT的达标情况，如图6-5所示，可以发现两个有效的信息。

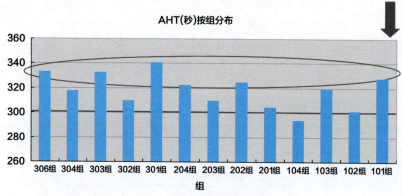

图6-5　AHT的达标情况(按组)

- 除104组之外，其他组的AHT均未达标。
- 有6个组的AHT甚至超过了320秒，远高于其他小组，值得我们深入分析。经查证，我们发现这些小组的成员大多是上线不足6个月的新员工。

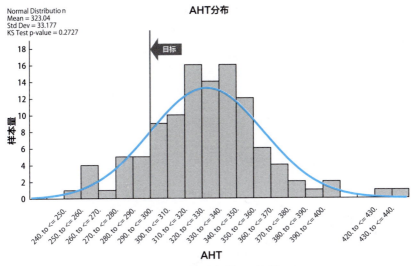

图6-6 AHT的达标情况(按员工)

图6-6展示了按照员工分析的AHT的达标情况,分析得出以下结论。

- 整体的正态分布偏离了目标,大部分员工没有达标,说明流程层次存在问题。
- 整个AHT分布在240~440秒,分布广泛,说明员工的技能、操作和态度均有很大差异,需要在培训和监控方面进行改善。

图6-7中是"员工的登录号"和"AHT表现"形成的散点图。此处的员工登录号与上线时间相对应,登录号越大的员工,上线时间越晚。图6-7中的每个点代表一名员工,其中横轴代表该员工的上线时间,纵轴代表AHT表现。

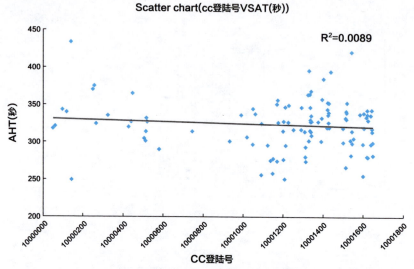

图6-7 AHT分析——上线时间与AHT

由此,我们可以发现:

- 新员工的AHT分布广泛,存在大量AHT过长的现象;
- 大部分老员工的AHT比较集中,但是存在个别超长现象。

那么,新员工组的AHT是否有下降的空间呢,我们应用对比分析看看每个新员工组在第一周及接下来的几周内的表现是否一样,如表6-3所示。

表6-3 2005年3月以来新员工组上线记录

新员工	上线时间	上线人数	第一周 AHT	对整体影响
101组	3月1日	10	568	20
102组	4月4日	5	428	4
202组	4月26日	5	542	8
301组	4月30日	7	587	13

第 6 章 服务历程的复盘和持续改善

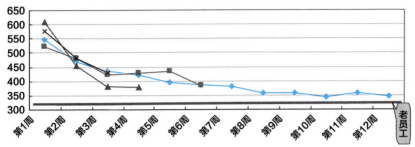

图6-8 各批新员工AHT变化趋势

通过图6-7、图6-8的分析,可以看出:所有新员工的AHT都会明显高于老员工,且规律性非常强,前两周下降明显,两周后趋于平稳,所以每批新员工上线的前两周对AHT冲击最大。但每个小组的进步程度有所不同,有的小组进步非常快,可经验共享,加快新员工成长速度。

综合上面4个维度的细化分析,我们得到AHT超长的主要原因:

- 大量员工长期AHT超标,说明流程制定中有不合理的地方,需要从流程层次加以改进;
- 员工的AHT分布广泛,说明员工的技能或者操作习惯存在问题,需要做整体的培训和矫正;
- 新员工普遍有更高的AHT,说明新员工培训和指导中有需要改进的地方;
- 老员工中也存在个别的AHT超长现象,需要进行个别指导和提升计划。

3. AHT 推理分析

通过AHT细化推理分析的结果是AHT与ATT(平均谈话时

间)、ACW(平均案面时间)及员工的士气相关。而影响这三个指标的主要因素，就需要我们进行数据分析和现场端对端的审核，如图6-9所示。

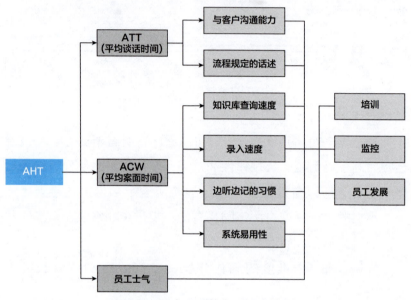

图6-9 影响AHT的主要因素分析

现场端对端的审核是非常重要的推理工具，对于很多事情，我们在数据中发现的只能是一部分或者想象中的原因，只有我们坐在座席代表身边，看到他接起电话的全部过程的时候，我们才能发现事情的真相和问题的原因。

A队列的负责人发动很多主管进行了流程端对端的审核，过程中发现了以下的问题，这些问题在不同程度上影响了AHT的达成。

- 大量新员工及部分老员工没有边听边记的习惯，更多的在通话结束之后才进行记录，大大地增长了案面时间；

第6章 服务历程的复盘和持续改善

- 系统存在一些易用性的问题,降低了操作速度;
- 流程中有些环节没有必要,降低了效率。

刚才我们谈到ATT(平均谈话时间)和ACW(平均案面时间)会影响AHT的达成,因此需要对这两项指标进行分布分析。分析中我们发现案面时间的分布非常广泛,也反映出案面时间的可降低空间还是很大的,如图6-10所示。

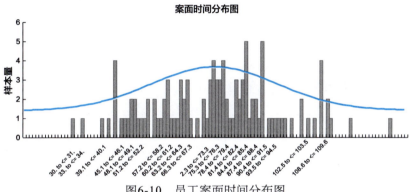

图6-10 员工案面时间分布图

改进措施和推进计划,如表6-4所示。

表6-4 改进措施和推进计划

	工作	目标	开始时间	结束时间	责任人	完成状态
1	消费售后AHT增长原因分析及解决方案确定		5.18	5.23		
1.1	AHT增长原因分析及建议解决方案		5.18	5.20	A	完成
1.2	解决方案汇报(可行性研讨)		5.23	5.23	A	
2	项目筹备		5.23	5.26		
2.1	制订项目推进计划		5.20	5.20	A	完成
2.2	各分项推进计划		5.24	5.24	各分项负责人	
3	项目实施		5.19	5.31		

(续表)

	工作	目标	开始时间	结束时间	责任人	完成状态
3.1	流程类	AHT下降15秒				
3.1.1	流程修订及发布		5.19	5.27	B	
3.1.2	测听标准的修订及校准		5.23	5.72	B	
3.2	员工类	AHT下降10秒				
3.2.1	新员工的技能提升		5.23	6.15	C	
3.2.2	老员工的大偏差管理		5.23	6.15	E、各处处理	
3.2.3	离岗率分析与控制		5.24	5.31	C	
3.2.4	全员五笔速度及边听边记录能力		5.23	6.15	E、各处处理	
4	正式启动		6.1	7.8		
4.1	项目进展通报及分析		6.1	6.30	B	
4.2	结果汇报		7.3	7.8	A	

改进结果及AHT指标变化，如表6-5、图6-11所示，我们看到在几个月内AHT的改善明显；项目目标达成，6月在310秒以内，7月达标在300秒以内。

表6-5 改进结果

月份	2月	3月	4月	5月	6月	7月
AHT(秒)	294	327	330	336	308	297

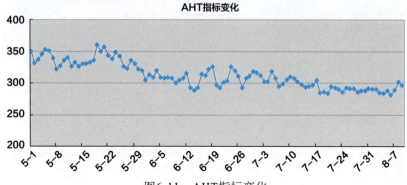

图6-11 AHT指标变化

第 7 章

客服的生产力管理

7.1 通过运营管理提升效率
7.2 弹性运营能力的提升
7.3 服务分级分流能力
7.4 峰值弹性管理系统
7.5 生产力管理的数据建设

数字化 客服设计

客服组织包括客服的设计中心、客服的运营中心、客服的交付中心和客服的智能中心。其中，最重要的是客服的设计中心，其主要工作包括体验推进、服务历程设计。服务历程设计中的落地，需要有强大的运营管理体系作为支撑。这种运营管理体系可以简单地分为客服的数字化管理、客服流程质量管理、客服的生产力管理、客服人员能力管理这几个主要模块。本章重点介绍客服的数字化管理和生产力管理。

客服的生产力管理的核心目的，是做好人力调度，保证接起速度符合用户预期的前提下，控制好效率，同时确定员工对排班规则的认可与接受。

在讨论如何提升生产力管理水平之前，我们要了解客服行业的人员培养的现状和规律。

- 在客服入口充分开放、解决力提升的前提下，使服务速度符合用户预期、保障效率才是有价值的。
- 客服员工的培养是需要周期的，以最低技能认证为底线，保证先认证后上岗。这个周期的长度决定了业务量预测的提前量，而通常预测的提前量越大，预测准确率越低。因此，培养周期的长短对预测准确率有制约作用。
- 员工培养周期相当于审批周期、招募周期和培训周期的总和，这三个周期的长短都与人数相关。培养周期的缩短可以从这三个阶段着手。
- 员工对于班次的接纳是有上限的，安排不合理，超出了员工的接受范围会迅速带来缺勤和人员流失，从而会造成更大的人数需求。

第 7 章　客服的生产力管理

 通过运营管理提升效率

通过精准预测、排班、现场管理、人员管理，可在保证服务速度前提下达成合理的人效。人效的提升会带来整体效率的提升，从而使单件成本下降。生产力管理的运营体系如图7-1所示。

图7-1　生产力管理的运营体系

在这个体系下，人力配备周期的公式为

人力配备周期＝预测审批时长＋招聘时长＋培训认证时长

因此，提前预测的能力要大于这个周期。生产力管理中的预测准确率、排班拟合度、现场调度能力，即满足运营效率的关键能力。

通常状态下，资源配备周期为一个月，因此我们需要衡量提前30天的预测准确率；如果新增人数较多，需要更长的准备周期；同时一旦发现业务量增长超过预期，需要增加客服人员，也通常需要一个月的时间。这种滞后性会使呼叫中心的运营比较被动。

首先，由于业务变化的迭代速度快，突发事件和临时事件较多，很难做出准确预测；这些事件是由客观环境的不确定性引起的，但是往往会导致客服部门和业务部门之间的互相埋怨。客服

数字化 客服设计

希望业务提前告知相关情况，而业务希望客服能够对各种情况随机应变。服务质量的下降就是这么发生的。

其次，在业务量突增时，不恰当地追求效率的提升，员工延时、加班或者班次的频繁变动，都会导致员工感受下降，缺勤率和流失率升高。而流失率升高造成新员工比例的上升，会带来效率的进一步下降，以及流失率的进一步升高。

最后，在业务量或者服务量未达到预测量时，冗余的人力会造成运营人效产生很大的波动，会带来成本上升，有的还会影响员工的收入下降。

复杂的客服中心，可以借助生产力管理系统来控制整个流程中的各个环节。这里说的生产力管理系统，并不是传统意义上的"排班软件"，从前面的讲述中大家可以知道，相比于"排班"，以下几个要素更为关键。

❶ 数据驱动的生产力管理系统，通过打造预算、预测、排班、实时管理、资源调配、需求发布、招聘、培训认证八大环节的线上化管理，实现全链条生产资源的整合。

❷ 通过生产力环节数据线上化，提升管理数据的时效性、准确率、全面性，使得生产力调度有数可查、有数可依、有数可用，促成整个呼叫中心生产力管理和调度更加迅捷、精准、灵活有效。

❸ 生产力系统搭建过程中，关键的三个里程碑是预算预测系统、培训认证系统、排班换班系统。其中：预算预测系统，实现预算提交和审批的线上化，确保只有预算内的人员可以招聘；培训认证系统，实现员工技能线上化认证，确保只有通过技能认证的员工才能参与技能组

排班；排班换班系统，提供员工的排班表发布和考勤管理线上化，确保了只有应上班员工才可以登录。这三个功能共同形成了生产力管理与运营计划联动和准确调配。

❹ 达成"实时"监控的目的，实时了解现场人员与业务量的匹配情况，并且能够根据用户排队和员工技能情况做出调整。

在生产力管理系统的帮助下，整个运营环节环环相扣，只要能够准确地预测，提前着手，无论人员缺口有多大，都可以配备到位。

7.2 弹性运营能力的提升

弹性是指在服务量突增的情况下，通过人力的冗余和现场调配可以保证质量和服务速度；周期是指在超过这个百分比的情况下，需要多久能够调配到充足的人力资源。表7-1展示了一个运营体系的临时需求弹性和响应周期。这个呼叫中心的弹性是20%，超过弹性范围的人力调配周期如表7-1所示。

表 7-1 临时需求弹性和响应周期

临时需求弹性和响应周期	10%	20%/300人	30%/450人	50%/大于450人
限制指标	质量和速度	质量	质量	质量
人力资源调配周期	不受影响	2周	4周	8周

我们从以下几个方面来看如何提升和保障弹性能力。

1. 采取多种用工模式,扩大同时招聘人数

一般来说,客服中心的招聘是有常规路径和管理流程的,如果用人数量超过定额,人力资源部门就会来不及进行相关的招聘工作。鉴于此,人力资源部门可采用校企合作、BPO[①]外包、临时众包等灵活的用工模式,来保障人员扩充的速度和质量。对于大型客服中心来说,外包合作也要在多个城市开展,突破单点的招聘上限,缩短招聘周期。

2. 有效地拆分技能,缩短培训认证周期

业务中的突发问题大多是相似的,例如在账单日发生大量的账单问题,在用餐高峰期发生大量的催餐问题,在旅游高峰日发生大量的入住问题,在母亲节发生大量的鲜花配送问题,在暑期发生大量的报装问题,等等。如果培训某业务的员工需要2周的时间,那么培训单一场景的客服,可能只需要1周;如果客服提前培训了主流程,那么培训单一场景只需要3天的时间。

这样做的前提是在路由时就能合理、有效地拆分技能组,拆分时我们可通过订单信息预判出来,让用户毫无察觉。

3. 适度的人力冗余,以成本来换取速度

当业务增长量不能准确预估的时候,可以提前制订可行的冗余计划,储备一定的人力资源,如表7-2所示,如果我们有10%的人员储备,在遇到增长大于预期的时候就可以轻松应对。冗余储备人力,会带来成本浪费和效率下降,这么做的目的是保障用

[①] BPO:商务流程外包(business process outsourcing,简称BPO)是指将本方商务流程中的部分或者全部的非核心流程交由另方操作。

户体验。

表 7-2 有冗余的弹性

临时需求弹性和响应周期	10%	20%/300 人	30%/450 人	50%/ 大于 450 人
限制指标	质量和速度	质量	质量	质量
平稳期人力资源调配周期	不受影响	2 周	4 周	8 周
快速增长期有 10% 冗余	不受影响	不受影响	2 周	4 周

4. 合理的众包模式，增强临时弹性调配

众包的模式是指快速培训部分外包人员，保证单一技能符合要求；在高峰发生的时候可以快速调配完成相关工作。前提是技能细分到位和培训周期足够短。

7.3 服务分级分流能力

突发事件到来的时候(例如全国大雪、疫情暴发等)，要引入下面的服务分级概念来保障好基本的用户体验。

服务分级分流能力，简单来说就是海量需求来到服务入口的时候，我们要有能力缓冲这个巨浪，分摊给服务历程链条上的每个环节，从而让每个环节在自己的弹性范围内保质保量地完成任务。

服务分级分流包括智能客服引流、人工限流(服务降级)、技能分拆和快速认证上岗等具体手段。系统要如实记录服务降级的起止时间和影响程度，避免形成惯例，如表7-3所示。

表 7-3 服务分级

效率管理模式	临时需求弹性和响应周期	10%～20%	20%	30%	50%
	限制指标	质量和速度	质量	质量	质量
运营效率	平稳期人力资源调配周期	不受影响	2周	4周	8周
调度效率	快速增长期有10%冗余	不受影响	不受影响	2周	4周
规划效率	突发事件服务分级能力	不受影响	不受影响	服务分级	服务降级+2周恢复

以上的几个层次的生产力管理，帮助我们在不同的业务量变化的前提下，尽可能地提升效率，保证响应速度，从而确保稳定的用户满意度。

7.4 峰值弹性管理系统

设立了服务分级分流预案后，为了确保在峰值时刻有效地实施，可以借助峰值弹性管理系统实现。

我们该如何处理峰值呢？通常可以分为发现峰值并上报、确认问题、传达解决方案、实施降峰方案、峰值结束，这几个步骤。人工操作时，存在以下的不可控因素。

❶ 发现同步排队峰值的时间很长且不稳定：过去发现峰值完全依赖人工上报。

❷ 无法短时间内确定集中问题和影响范围：问题的发现需要依赖一线客服上报、抽查工单来确认，无法确定影响的范围和大小，也会影响后续的处理动作。比如配送超

第 7 章 客服的生产力管理

时突然激增时,需要确定其发生在哪些地区、哪个配送站等,否则无法拟定话术让客服去执行。

❸ 降低峰值手段很单一:对于怎么处理当前的峰值,以前基本依赖挂IVR公告、客服安抚等,让峰值自然消失,这个方式的代价是损失用户体验。

❹ 跨业务支援时间较长:多个业务、多个队列出现峰值的概率相对较小,所以在某一个队列发生峰值时,应安排支援,但是支援涉及开通权限、确认技能、同步话术、切换系统等,实际操作中可能准备就绪时,峰值已过。

通过技术、产品等手段,是否有机会更好地解决峰值呢?可以先将整个峰值的处理过程分为发现、确认、解决、复盘4个环节,每个环节都有其有效的手段。

1. 发现环节

发现环节的目标是更准确、更快速地把线上已经发生的排队峰值情况同步给相关的人员。这个环节主要依赖两个能力。

❶ 主动监控:指监控每个队列目前的排队水平和服务水平的情况,系统负责采集每分钟的排队或服务水平的数据,然后根据事先设定好的分级阈值进行匹配,一旦超过阈值,就进行相应级别的告警,告警后还需要持续的监控,一旦发现峰值级别出现提升或降低,要及时同步。

❷ 主动构建沟通环境、快速同步信息:指系统发出告警后,要将相关的业务人员统一组建一个沟通群,并在群里同步当前峰值的最新情况,数据包含峰值级别、当前进线量、在线客服量等。根据峰值的预警级别可以逐步增加参与人员。

在这个过程中，工作难点是监控和预警，需要有一个完整的机制来发现、拉群、确认名单、同步信息、响应问题，随着群里的人员变多，大家想了解的历史信息也会越来越多，此时可以在这个群里安插一个机器人，以响应群里成员的问题，如问题关键词排名、队列排队人数等。

2. 确认环节

确认环节的目标是辅助现场管理和业务，快速确认产生排队的原因，以便精准地设计话术和提出后续解决方案。

早期确认环节可以通过观察工单记录、智能客服中的用户提问的关键词、通话中的语音系统、在线聊天中的文本输入，分析其中的关键词异动来推测，即通过实时的数据统计，找出明显异于平常的关键词来缩小排查范围，如图7-2所示。系统通过采集用户输入，经过分词器，过滤掉干扰词，提取关键词，从而排查发生的原因。

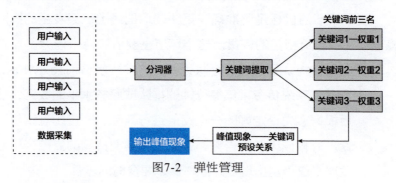

图7-2 弹性管理

3. 解决环节

解决环节的目标主要是快速缓解峰值带来的影响。

其主要通过服务体系内部和外部解决问题。外部主要是因为峰值大部分是由业务线的促销活动、业务系统故障带来的，快速与业务线联动，有利于快速解决问题，如支付故障、派单故障等。简言之，就是找到方案，减少问题的发生。服务内部主要有两种手段，一种是智能解决，是指依托已经建立的智能客服能力，快速将原来的预设方案激活，通过简单的配置使其迅速上线，快速解决问题；另一种是通过增加人力，调整员工进行峰值支援。

a) 智能解决

图7-3展示了在智能系统中的分流方法。

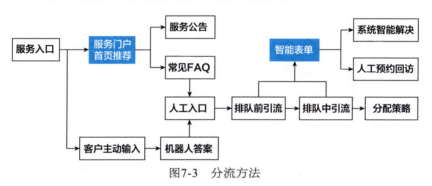

图7-3 分流方法

对于峰值场景来说，因为人工客服的处理能力有明显上限，所以会造成大量的用户处于排队中。因此，把解决方案最快地同步到还在排队中的用户，让他们了解最新的异常情况，和平台对于这个异常问题的解决方案，可缓解用户的焦虑，同时系统自动将话术同步给人工客服，也可做到实时同步峰值话术。

对于具体的业务来说，引发峰值产生的原因是有限的，可以提前预设好方案，在峰值期间直接启用。在峰值发生的时候，可以通过系统或者在沟通群里的机器人引导下确认峰值现象，系统对这个现象对应的解决方案自动执行，提高方案的执行效率。如果是新的峰值现象，业务运营共识好新的方案后，也可以同步给机器人，由机器人快速执行。

b) 峰值支援

峰值支援是指某个业务产生峰值的时候，通过人力调配，将空闲的客服调配到有压力的业务，缓解峰值压力，同时提高客服的整体利用率。整个支援过程中，有两个关键点：

❶ 找到可支援的员工：这里关键的因素有员工是否具备这个技能、是否在上班、所属队列是否空闲等。

❷ 开通权限、切换系统：日常出于信息安全的考虑，跨技能的权限是隔离的，即一个客服只能看到本业务的权限和页面，峰值场景需要快速切换。

由于线下进行这一系列操作非常耗时，调配效率很低，要经过现场管理人员到组长、组员的沟通，针对以上问题，可以从建立员工技能储备库和建立线上支援流程来入手。

通过这两个手段，将需要的员工数据(技能、排版等)做线上化处理，为实现支援的自动化、智能化打好基础。新的支援流程中，员工的筛选、邀请、确认、替换权限、回收权限等流程均自动化处理，支援员工可以快速上线。

4. 复盘环节

复盘环节包括峰值现象、用户影响、时间轴、原因分析、经验教训、正确做法、待办事项7个部分。

通过标准化复盘，记录峰值的发生场景，分析产生的原因、沉淀避免峰值发生的运营策略，分析峰值期间方案执行的效果和待改进的空间，减少峰值发生次数和缓解影响。复盘是一个需要强监督的环节。公司的工作节奏很快，对于已发生事件的复盘在优先级上容易被忽略，所以设立自动跟踪和复盘的机制，也是整个峰值弹性健康运转的关键。

通过上述四个环节，峰值管理系统在遇到巨大的服务压力时，作为稳定的牵引力，让各方角色有序进行，是在服务环节中很有效的尝试。

7.5 生产力管理的数据建设

图7-4是生产力管理数据建设的层级示意图。

图7-4 生产力管理数据建设的层级示意图

---

① ODS是Operational Data Store，即操作性的原始数据，这一层的数据结构一般与数据来源保持一致，为上层的标准化数据建设提供基础。

数字化 客服设计

1. 系统功能层:解决客服体系中不同系统的数据埋点问题,要根据数据需求不断完善最基础的数据埋点,为统计数据指标提供最底层的数据记录。
2. ODS数据层:通过增量同步或者全量同步的方式,将不同系统所产生数据完整备份到数据仓库。
3. 标准数据层:统一定义跨系统的数据,将所有同类型数据的字段格式标准化,梳理数据的上下游关系,使跨系统数据可以混合计算。这一层要完成所有指标计算所需要的原始数据的定义和规范工作。
4. 指标层:所有指标在统一数据源、统一计算口径下登记,确保指标不重不漏。
5. 可视化层:基于指标因子生成可视化报表,具体的表现形式为大屏、手机或者工作台等终端设备。

第8章 服务设计师

- 8.1 数字化客服体系组织结构和岗位设置
- 8.2 服务设计中心的职责
- 8.3 服务设计师招聘
- 8.4 服务设计师的思考能力培养

8.1 数字化客服体系组织结构和岗位设置

随着企业逐步向数字化和服务型企业转型,企业的客服体系面临着前所未有的挑战,为了更好地完成客服使命,客服组织需要向数字化升级。数字化客服的设计围绕着用户体验,以NPS(评估产品口碑的指标)等表征用户体验的指标为目的逐步迭代完善。数字化客服体系框架如图1-10所示。

客服负责处理产品体验与用户认知之间的误差。在新环境下,客服的职责扩展为解决用户问题及推动公司提升用户体验。客服需要从少发生、快解决和最满意3个层次上设计完整的数字化客服体系,并在公司内建设以用户为中心的文化,推动用户体验的持续提升,协调资源,达成服务体验的最优化。这样的客服体系能对公司整体的NPS产生积极的作用,对服务率、费力度和解决力负责。

在新的组织定位和职能模块中,客服体系的组织结构也发生了变化。新的组织结构包括服务设计中心、服务运营中心、服务交付中心和服务智能中心4个模块,如图1-11所示。

❶ **服务设计中心**:负责搭建整个服务体系,具体包括优化用户体验、设计服务历程,通过流程运营和智能运营来保障客服的解决力最高和费力度最低。服务设计中心的

第 8 章 服务设计师

岗位可以统称为服务设计师。

② 服务运营中心：负责客服运营中的质量提升、服务速度保障、服务效率合理规划及人员的培训与发展，主要岗位序列有质量监控、生产力管理和培训发展三个方向。

③ 服务交付中心：主要岗位是客服商服序列的专家和各级别的管理者。

④ 服务智能中心：岗位设置涉及产品中心、研发中心和数据智能中心，分别与公司的产品、研发和数据智能岗位序列[①]的人才要求一致。

客服管理者关注的指标和焦点还停留在基础的运营管理和人员管理上，客服的培养体系中更关注运营管理能力和解决问题的能力的培养。虽然数字化客服体系对服务质检和生产力管理等传统岗位有新定位和新要求，不过这个转型是可以基于原有的岗位能力发展起来的。

服务设计师需要了解服务场景，熟悉智能客服和人工客服的全部流程；拥有较强的产品设计能力、项目推动的能力和数据分析能力，以有效收集用户问题，洞察用户需求，推进公司改善体验设计。一般来说，服务设计中心需要的岗位很难从客服中心内部选拔起来，也很难从人才市场上直接招聘。

---

① 几乎任何一家稍微有点规模的企业，其内部员工所从事的工作内容就会有所不同。我们将这些不同岗位进行归类管理，可以称为不同"岗位序列"，也可以称为"岗位群落""职能别"等。

8.2 服务设计中心的职责

服务设计中心负责搭建整个服务体系，用设计来引领新技术，带给用户更好的体验。具体工作包括用户体验推进、服务历程设计，通过流程运营和智能运营来保障客服的解决力最高和费力度最低。服务设计中心的岗位，可以统称为服务设计师；也可以根据细分职能称为体验推进师、服务设计师、智能运营师和流程运营师。

服务设计师的主要工作包括以下几项。

❶ 用户体验推进。服务设计师需要在公司范围内提出使用以万订单服务率来衡量用户的产品体验，建设各种有利于提升用户体验的制度来推动文化转型，还需要借助项目案例来不断实践这个理念(详见本书第2章)。

❷ 服务历程设计。用户的服务历程包括服务门户、智能解决、人工解决、风险控制等多个环节，服务设计师要针对不同场景合理规划服务渠道，设计并使服务历程落地；规范运营管理，设置权限要求、流程规则、财务目标等。设计不同的服务历程，并通过复盘发现问题，持续改善服务的费力度和解决力(详见本书第3章和第6章)。

第 8 章　服务设计师

❸ 智能运营。智能客服是客服的重要环节，它需要具备丰富的入口、简便的人工通道及高于3分的解决力。智能运营师负责智能客服的持续运营，包括文本和语音的智能门户、员工工作台的配置和优化、客服助手的优化(详见本书第4章)。

❹ 流程改善。服务设计师主要负责优化客服工作中的管理流程和业务流程，持续收集用户对流程的反馈，发现需要优化和改进的场景，推动持续优化(详见本书第5章)。

8.3 服务设计师招聘

招聘服务设计师时应该引入什么样的人才呢？

1. 不同领域的人才

最近几年，我尝试把不同领域的人才引入客服团队，下面做具体介绍。

❶ 六西格玛认证的黑带大师：他们受过严格的项目管理、数据洞察、流程再造能力的培训，并且成功实施了多个项目。这类人才在一些外企的客服中心里、在传统行业的战略部门里、在咨询公司里都可以找到。黑带大师的培训机制帮助我们完成了这些人才的基本功训练。我们在招聘的时候最关注的有两点：一是他们自己的洞见能

力，而非单纯无创意的项目积累，也就是在重大的项目中，能够提出创新变革的人；二是他们是不是只有传统制造业的背景，是否能够理解互联网信息化环境下的指标、流程和工作方式。

❷ 项目管理岗位的人才(PMO)：他们的任务是帮助整个团队具备项目管理和敏捷管理的基本意识，并且能够在整个组织里把这种意识和制度贯穿下去。这个能力对于客服新人来说实在是太关键了。

❸ 财务分析或者数据分析人才：这类人才拥有较强的学习能力，有全局观和逻辑思考能力，会帮助团队养成冷静和客观分析问题的习惯，并且看问题从本质或者目标出发。注意要避免招聘到不理解数据背后含义的数据人员。

❹ 产品和技术人员：有过产品经理或者产品运营经验的中层骨干人员，往往具备比较好的业务理解能力，能从解决方案角度思考而不是停留在分歧上；而且这类人才能够提出体系化、结构化的思考解决方案。在招聘中要寻找有真正产品产出或者运营产出的，而不仅仅是做过某些成熟产品的"售前方案"的人才。

2. 有正确的学习观、发展观的人才

客服管理中涉及的KPI很多，可以采用多种方式追求达标和取得业绩。在挑选人才的时候，首先要重视其思考问题的方式和达成目标的手段。要寻找能通过真正找到根本原因来达成目标的人，而不是通过简单的目标分解和任务分解达标的管理者。

其次，要看一个人是不是有意愿从成功和失败中学习，要看一个人在遇到新环境的时候，通过什么方式来快速学习。在复盘

的时候，会把成功和失败归因于什么，是否会在一件事情上多次遭遇失败。在表达成功的时候，是否关注到团队中其他人的贡献和感受，对自己的贡献评价是否客观。

正确的进取心和正确的学习思考能力，能够充分体现一个人的学习能力和发展潜力。

3. 有洞察力和穿透力的人才

我们可以通过不同的提问角度，看到一个人在思考他非常习惯的工作的时候，是否可以从另一个视角观察，并且看到不同点。是否可以看到相似事情中的不同，看到不同事物中的共性。

具备以上几种特性的人，是我在工作中不断寻找和尝试合作的人才。引入这些人才，往往能够与传统客服团队中的管理者碰撞出火花，有助于创造良好的团队氛围，搭建多元化成长型的团队。

8.4 服务设计师的思考能力培养

有关人才培养体系的书籍有很多，专门针对客服体系的课程也有很多，我们在本书中仅仅推荐以下两种方式，帮助成熟的客服管理团队形成人才培养、人才转型的氛围，挖掘更多的客服创新者和设计者。

1. 复盘制度

复盘，顾名思义，就是把做过的事情重头梳理一遍，看看有

数字化客服设计

什么得失成败。复盘是一个人客观复述事实、阐明观点、说出假设；同时，参与复盘的每个人，都应该帮助他建立某些新的思考角度，从而帮助一个人成长。

在复盘会议上，复盘者的任务是准备文件，将事件始末、得失、思路描述清楚，让大家通过阅读理解这件事情并且能够理解复盘者是怎么看待这件事情的。

现场参与者以自己的角度进行观察和提问，引导复盘者跳出自己的视野思考问题，有些尖锐但是很有用的问题与大家分享一下。

1. 你的做法与你的竞争对手(跟行业里通常的做法相比)一样吗？如果一样，你的成功体现在哪里？如果不一样，有没有想过他为什么没有选择这个做法？
2. 做这件事情的最终目的是什么？这个指标改善的价值是什么？数字的改善有没有让事情真正地变好？其约束指标是什么？我们怎么能够知道改善带来的是真正的提升？
3. 你在项目中的某个创意，是怎么想到的？灵感来自哪里？原创者是谁？什么环境使其能够贡献这个想法？
4. 如果有人觉得这是一个失败(成功)的项目，你觉得他为什么这么说？你认同这个想法吗？
5. 在项目发展过程中，有没有机会让他改进得更快一些？是什么制约了速度？
6. 如果重新来一次，有没有可能改变结果？
7. 你觉得这个数字的改善是自然发生的，还是真的与你谈到的这些行为有关？

所有参与复盘的聆听者是为了激发复盘者新的洞察力和思考能力。因此，并不是所有的问题都要指向同一个人或者同一个项目，应从参与者的视角出发，指向最有可能引发复盘者思考的问题。这个问题也许是他困惑的，也许是他忽略的，也许是他得意的。

我们提问的目的，既不是打击他，也不是激励他，仅仅是与他一起思考，或者共同认识到某些做法是不可取的。

在很多场失败的复盘会之后，我领悟到，复盘是一个比任何培训和例会都能够产生作用的方式和场合。复盘是一个团队统一认知、甄别人才和提升能力最重要的方式，一个团队对复盘的思考深度，往往能够体现团队的成长性和组织能力。复盘制度是一个部门的管理者传递管理理念、引领思考最重要的机会和场合。

2. 项目展示会

在项目展示会上，大家可以通过实际演示自己的项目来与更多的人一起分享成就，以及引发对项目不足的思考，从而做出改变。项目展示会的目的是通过成就的分享激励团队成员的自我认可和互相认可。

展示者可以通过各种方式让大家直观地体会到产品或者项目的成就，并且可以邀请主要用户谈及他的感受和观点，既然是展示会，形式就不那么重要，但是要控制好时间。

项目展示会上提出的问题，以激励和引发思考为主，让大家在认可的氛围下主动突破自己，例如：

- 这个项目让员工的体验这么好，你觉得最重要的是做对了什么？

- 跟以往的类似项目相比，我们做了哪些不一样的事情？
- 项目中给你最大帮助的是哪个人、哪件事？
- 这个项目最亮眼的技术是什么？

服务设计师的选拔、使用和培养，是客服体系面临的新问题。本书中谈到的用户体验历程和服务历程管理中的各种工作的实践，是培养服务设计岗位的最佳方法，在实践基础上，若能运用本章讲述的复盘思考方式逐渐提升创新和思考的能力，相信客服体系中会有更多优秀的服务设计师人才。

写在最后的话

1999年3月15日，我结束了19年的学生生活，入职联想电脑公司用户服务本部，开始我的职业生涯，岗位是信息支持专员。

伴随着呼叫中心产业从大量扩张到精细化管理，再到重视用户体验，我经历了中国企业不断升级的过程，也亲历了企业互联网化、移动化和平台化的高速发展带来的改变，即服务规模快速扩张，服务渠道和技术手段快速更迭，而服务理念和品质却停滞不前。

1999—2015年，是中国呼叫中心行业快速增长的16年。呼叫中心从落地起，就是与科技发展息息相关的产业。随着CTI技术的发展，有了第一代的呼叫中心，此时人人谈技术、谈集成、谈平台；到第二代的呼叫中心时，CRM系统完成了用户信息和服务信息的融合，之后精细化运营和用户体验逐渐占据论坛主流，人们开始研究如何运用好这个高科技产品来切实提升用户体验。后来，全媒体、机器人、语音识别使技术再一次成为话题。

然而，对供应商管理的缺失，对用户体验的重视不足，使企业陷入服务需求快速增长而服务体验却在下降的境地，成为中国服务行业需要共同反思的话题。

一方面，技术的快速发展给传统的服务体验管理带来了新的机会和体验；另一方面，全媒体和机器人的过度渲染使我们再一次觉得，精细化运营也许已经成为历史。在飞速增长的服务请求面前，客服管理者一再向"接起"让步，技术被滥用，沦为挡住用户请求的工具。

此时，是我对客服行业最困惑、最迷茫的一段时期，但是我坚信，对品质管理的放纵，可以带来业绩的快速增长，但是很快会被反超，服务对用户第一的背弃，可以迎合一时，但终究经不住岁月的考验。

2021年，我开始撰写本书。此时，把用户体验放在业务发展之后的公司果然被后来者赶超，整个互联网行业也经历了重新的反思和洗牌。我感觉自己找到了这22年经历的客服中心的共同点和价值，客服解决的是产品设计与用户认知之间的误差。从理论上看，只要有交易，就会产生一定比例的误差，客服的价值在于通过企业的优先级机制，推动各个部门将这个误差减少。

越来越多的营销中心认为，客服中心只有向营销转型，才能体现价值；越来越多的咨询顾问认为，客服中心只有变成体验设计部门，才能避免价值丧失；但是，我坚信，客服中心只有关注企业的使用体验和服务体验，才能让自己的价值最大化。

好在我们看到了各种尝试的模式，看到了很多客服设计者的实践案例，看到了大家在以用户为中心的初心之上的思考。随着体验的价值越来越显著，服务设计师也意识到自己的使命不仅是

● 写在最后的话

接通率和质检成绩，随着企业内部的迭代速度越来越快，客服的价值一定能够更好地彰显出来。

　　写书的这一年，是我的思考不断成型、被打破、再成型的迭代过程，在此过程中，感谢CCO100组织中的业界同行愿意跟我分享体验，探讨变革；感谢诸多企业家对客服和体验的关注和探讨；感谢邀请我一起探索服务体验的企业，因为你们，我的思考才不会空洞，我的思考才能继续不断迭代。

　　感谢我的团队和所有帮助我寻找案例、组织文字、碰撞思想火花的伙伴们，感谢我的家人们对我的支持与宽容，因为你们，我才觉得自己不孤单，有力量。

　　好的客服是设计出来的，好的设计不是一蹴而就的，好的体验是不断迭代的。 让我们开始第一步，然后积跬步，以致千里。与诸君共勉。

孙　媛
2021年8月30日